花と緑のボランティア

―普通のわたしにできる初めの一歩―

久米宏毅

22世紀アート

まえがき

さすしほに　こよひは月も　影みちて　浪吹きおくる　あのゝはま風

（室町幕府四代将軍　足利義持）

海は夕暮どきが最も風情があるように思います。夕暮の海は優しいのです。季節では晩秋でしょうか。透き通った寂しさがあります。真夏の真昼にしか海に行ったことがない人は気付いておられないようですが、海の風情は変転します。季節によってその表情を変えます。照る日曇る日、その日によってもそれぞれの表情を示します。朝昼晩、一日のうちでも時刻によって変わるのです。

山河も人間の営みも、海と同様です。時の流れのなかで、ある風情を漂わせていても、また別のときにはその風情を変えています。人間の心身も同様です。時とともに変わっていきます。放任すれば悪化するかもしれません。心がければきっと好転することでしょう。

私たち「グリーンボランティアクラブ・阿漕浦《あこぎがうら》友の会」は、一九九五年八月、阿漕が浦海岸で花と緑のボランティア活動を開始しました。阿漕が浦は伊勢湾内の遠浅海岸で、近年は堤防ぎわまで宅地造成が押し寄せています。三重県の県庁所在地・津市の中心街に近く、地理的には親しみやすい海岸の潜在

ハマボウの花

条件を備えています。

かつては「白砂青松」の行楽地でもあり由緒もある阿漕が浦が、雑草の生い茂る殺伐たる荒地になっている現状を見かね、私たちは環境浄化・景観向上に立ち上がったのです。まず阿漕が浦一帯に生い茂っていた一メートルほどの背丈の雑草を除去しました。その一部に花壇を造って、今では春秋二度の植え替えで年中花を咲かせています。

放物線を描く遠浅海岸の穏やかな海と地形は今も昔も変わりません。ひととおり雑草を除去し、花壇造りを終えてから、私たちは「白砂青松」の再生をめざしてクロマツを植栽しました。続いて「白砂青松」に彩りを添えるためにハマボウ、ハマナス、ハマゴウなどの海浜性の花木も植栽しました。

また私たちは、広く市民の皆さんとともに「市民ひとりが一本運動」に取り組み、その結果ハマユウ千三百本を植栽、「伊勢志摩国立公園」に並ぶハマユウの名所にしようと意気込んでいます。さらに休憩施設「海月苑」や歌碑やベンチも造って、情趣ある景観美、心和む阿漕が浦、広く市民に親しまれ魅力あふれる「阿漕が浦海浜公園」の創造をめざして日常的に活動を続けています。

海に昇る朝日の輝きは、仰ぐ人に希望を与えます。その感動を多くの人々が味わわれたことでしょう。では、海に昇る月を観る幸運に出会ったことがあるでしょうか。

私たちは、伊勢の海から昇る中秋の満月に着目し、阿漕が浦に、一〇〇年間伝わる「阿漕平治伝説」と併せて、「伊勢の国、阿漕が浦。迎月の宴」を催し、広く市民から称賛を得ました。

「伊勢の国、阿漕が浦。迎月の宴」では、渚沿いに篝火や松明を掲げ、専門家が世阿弥作・能「阿漕」や琴の演奏などを披露します。私たちは、東に海を擁する場所ならではのこの「迎月の宴」を、全国に名を覇せる中秋の行事に育てたいと努めています。幸い第一回目から全国ネットでテレビ中継されるという「支援」もありました。

これらの活動の評価がもとで一九九六年春には、行政側から支援の話が出、他の市民団体も誘って秋には「安濃津・松風の会」を結成しました。祭日になった七月二〇日「海の日」には、三重県の発起した「自然に親しむ集い」を受託、市民団体の中核となって企画実行、海の自然に親しむ機会を市民に提供すると同時に、自然環境の向上を訴えました。一九九七年十月には、第十五回「ナショナルトラスト全国大会」を三重県津市で開く役割も担いました。こうしたイベントも織り混ぜ、単に夏の昼の海しか知らない人々にも、海の多様な魅力を提示し、市民と海の距離をちぢめる役割を果たしてきました。

骨身をおしまず働き、かつ作業能力の高いメンバーに恵まれ、当初の思惑よりも早いペースで植栽が進んでいます。最近では植栽後の管理に心を砕き、クロマツやハマユウなどをきれいに育成することが重要になっています。さらに、雑草に負けて消えかけていたハマエンドウ、ハマヒルガオ、ハマボウフウなどの自生海浜植物を保護増殖することにも力を入れています。活動を通して自然保護の正しい思想もしっかりと身に着けていかなければなりません。

活動を開始してから目に見えて阿漕が浦を訪れる行楽客がふえました。比較的気安く市民や企業からの寄贈や協力もいただけるようにもなってきました。現物寄贈では、通常では廃物であるような物品を工夫してうまく景観向上に活かしています。

そんなあれやらこれやらを、実践活動を踏まえてまとめてみたのが本書です。花と緑のボランティアに関心をもたれる人々が増え、実際にやってみようと志される人々に、少しでもお役に立てれば嬉しいのです。

目次

第1章　ボランティアを待っているまち

1　NPO・ボランティアの時代

ボランティア・ブーム

「ボランティア」という言葉は、十年前にはまだ耳慣れない新鮮な言葉でした。それがまるで砂にしみ入る水のようにみるみるうちに社会に浸透し、今では「ボランティア」は日常語になっています。見返りを求めない行為や他者のためになされる行為が、すべて「ボランティア」という一語で表現されるほどになりました。

ボランティアが日本社会に浸透するきっかけとなったのは、阪神淡路大震災でした。この時、心あるボランティアが全国から駆けつけ、被災地の瓦礫のなかや寒い避難所で連日活動しました。次にボランティアが注目されたのは、日本海重油汚染です。この時も全国各地から駆けつけたボランティアが重油にまみれて活躍し、命を落とすまでに献身した人も出るほどでした。

これらふたつの「事件」で果たしたボランティアの活躍は尊いものでした。ボランティアがかかえる

ボランティアの手になる「阿漕が浦海浜公園」

一部の欠点をあげつらい、「角を矯《た》めて牛を殺す」ような意見も出ましたが、そうした欠点をあげつらっている暇があったら自らも現場に出て事にあたってみることです。

ボランティアにはまだまだ欠点もあれば未熟さもあります。それらの大概はボランティア自身が自覚しているところです。ボランティアに懸念を感じておられる方は、活動の現場で一度ボランティアと共に励んでみられるとよいでしょう。大抵の懸念が誤解に基づくものであったり、杞憂によるものであることがわかるでしょう。ボランティアの基本は、議論でなく実践です。ボランティアたちは、実践の現場で生起する問題を実践を通してうまく解決していくだけの知恵と心とエネルギーを持ち合わせているのです。

阪神淡路大震災や日本海重油汚染のボランティアは、いわば「事件」の重大さによって耳目を引いたボランティアでしたが、今日大抵のボランティア活動は、さして人目をひくこともない日常性のなかで、地道に継続されているのです。

すでに全国規模で、高齢者や障害者のための福祉ボランティアが、着実に活動の輪を広げています。水質の浄化やゴミの減量など環境にかかわるボランティア活動も盛んです。阪神淡路大震災や日本海重油汚染の経験を、地域においても生かそうという災害時ボランティアの取り組みも始まっています。自分の住むまちを市民・住民の手でつくっていこうというまちづくりボランティアも盛んに動き始めています。

私はこのような「ボランティア・ブーム」を、心から歓迎している者のひとりです。最近の「ボランティア・ブーム」は流行りもののグッズのように、人々の一時的な気まぐれに起因するようなものではありません。最近の『ボランティア・ブーム」は、机上の形式にすぎなかった「戦後民主主義」が、ようやく社会の隅々から、その内容を獲得し始めた証左なのだと言えるでしょう。

成長するＮＰＯ

「ＮＰＯ」というのは、「ボランティア」の後からついてきた言葉のひとつです。Nonprofit Organization（ノンプロフィット・オーガナイゼイション）という英語の頭文字をとっています。

英語でプロフィットとは、「営利・利益」を意味します。それがノンですから、ノンプロフィットとは

花のボランティア

「非営利・無利益」を意味します。つまり、ノンプロフィット・オーガナイゼイションとは、非営利団体を意味する言葉なのです。

狭義ではＮＰＯは、アメリカの法人制度における民間の非営利法人を規定する法律用語です。それは株式会社などの営利法人に相対する概念です。株式会社では、営利があれば配当として株主に利益を分配します。しかしＮＰＯは「非配当の原則」、すなわち活動によって利益が生じても、設立者や出資者また理事や会員には分配せず、その全てを目的とする活動に再投資することを誓約する民間法人と定義されています。

一般には、医療・福祉、環境、文化・芸術、スポーツ、まちづくり、国際協力・交流、人権・平和、教育などあらゆる分野にわたる市民の非営利組織がＮＰＯであると理解しておいてかまわないでしょう。身近なところでは、地域自治会もＮＰＯの一種と言えなくはありません。したがって、ＮＰＯのすべてがボランティア団体ということではありませんが、ボランティア団体はすべてＮＰＯであると言えます。

産業革命後の世界にあっては、社会を動かすアクション源は、行政と営利企業でした。いわば、「官」と「民間営利」です。これらふたつのアクション源は、あたかも車の両輪のように、良くも悪くも、もちつもたれつで社会を動かしてきました。もちろん今日でもこれら「官」と「民間営利」は、社会を動かす重要な両輪であることに変わりはありません。しかし、この両輪はいろいろな意味で金属疲労を起こしています。いわば金権物質主義に堕し、「理想」や「友愛」に象徴されるような精神の輝きを失ってしまっています。すべての物事や関係が「物と金」から始まって、また「物と金」で終わるという時代は、人類の歴史のなかで決して正常なことではありません。

ＮＰＯ・ボランティアは、これまでの「官」と「民間営利」がもたらした物質的恩恵に依拠しながら、「官」と「民間営利」が欠落させてきた部分を充たそうと努めています。「官」と「民間営利」が衰退してしまった後に、ＮＰＯ・ボランティアが成長を始めるのではありません。「官」と「民間営利」がまだそれなりに機能している間にその下で、ＮＰＯ・ボランティアが新しい芽を確実に萌え上がらせていくことが必要です。

ＮＰＯをこれからの社会を動かす第三のアクション源と見て、「第三革命の時代が来る」と説く有力な見解もあります。日本でもようやく、ＮＰＯ関連の法制度が議題にのぼりつつありますが、成長し続けるＮＰＯ・ボランティアのその成長の度合いが、日本のこれからの社会環境を規定する重要な要因になることでしょう。

2　花と緑のボランティアとは？

まちをまるごと「天国」に

「ボランティア」と言えば福祉ボランティアが連想されます。障害者や高齢者のお世話をしたり老人ホーム・児童福祉施設を訪問する福祉ボランティアは、各地でけっこう活発になっています。政府の高齢者政策＝「ゴールドプラン」の進捗状況と密接に関連しながら、福祉ボランティア活動は、家庭とボランティアと専門家（福祉施設など）による、きめの細かい居住地域の福祉ネットワークへと発展することが期待されています。

花と緑のボランティアの小さな試みは、道端に一本の花を咲かせることからも始まります。それなら一人でもできるでしょう。道端に一本の花を咲かせる小さな試みをする人が二人になり、三人になって……やがて多数になれば、まちをそっくりそのまま花のまちへ変えてしまうことができます。

一人の住むまちは、そこに住む人々の広大な庭でもあります。たとえ個人の家には庭園がなくても、一歩家を出て、どこもかしこも美しい花が咲き、緑したたる樹影が目にしみれば、人々の心はどんなにか慰められ、どんなにか潤うことでしょう。

小鳥がさえずり、花が咲き溢れているところが「天国」だと言われています。大金を貯めて大邸宅を造ってみても、所詮はまちのほんの一部分にすぎません。ストレスがたまったからといって我がまちを

ボランティアの手になる道路沿いの花壇

後にし、わざわざジェット機や列車に乗り、お金もかけて、遠方に安らぎを求めるくらいならば、自分たちの住むまちを、そっくりそのまま、まるごと「天国」に変えてしまったほうが利口なのではないでしょうか。あなたの花と緑のボランティア活動で、この夢の実現がまんざら不可能ではない時代に、私たちは生きているのです。

　一般に「花と緑のボランティア」は、環境ボランティアとまちづくりボランティアの両面を併せもつボランティアです。「グリーンボランティア」と呼ぶこともできるでしょう。失われつつある里山や海岸や河川の自然環境を保全したり、荒地や空地や街路に植樹をしたり花壇を造って、まちぐるみの緑化・公園化を推進します。

　グリーンボランティアは、まだ福祉ボランティアほどの広がりをもっていません。ふた昔前には「花いっぱい運動」というのが流行りましたが、かつての「花いっぱい運動」も、それが市民の自主的なボランティアの手でなされるならばグリーンボランティアだといえるでしょう。ただふた昔前に比べると、地球環境・自然環境はいっそう深刻な時代になっています。地球環境・自然環境が深刻になった分だけ、グリーンボランティアの必要性が高まっています。

グリーンボランティアの活動の場は、どこにでもあります。まちのすべてがあなたのボランティアを待っていると言っても過言ではないでしょう。

たとえば、あなたの毎日の通勤道路に、雑草が生い茂ってはいないでしょうか。愛犬を散歩に連れ出す児童公園や河川敷は、あなたの美的感性を満足させるだけの景観美を備えているでしょうか。子供の頃に馴染んだ雑木林や小川が、どんどん姿を消しているのではないでしょうか。あなたの身近な歴史的名勝地が、放置されて荒れ果てていないでしょうか。山は？ 海は？ 川は？ ……。これらのすべてが、あなたのボランティアを待っているのです。

人は自分に解決可能な問題にしか関心を示さないものです。グリーンボランティアに関心を示されたあなたは、グリーンボランティアができる人です。今はたった一人のあなたであっても、全国には、そして気付いていない身近にも、雨後に芽吹く双葉のようにあちこちで仲間が育ち始めています。すぐに心をともにする仲間が見出せることでしょう。

ひょっとすると、グリーンボランティアを実践しても、たいして変わり映えがしないかもしれません。そんな心配が先立つかもしれません。しかし、しなければ確実に今より事態は悪くなるでしょう。それなら「しないよりまし」ということで、勇気の一歩を踏み出されるべきだと思います。

楽しくて健康によい野外活動

グリーンボランティアには、いくつかの人間的効能があります。まずはじめに、グリーンボランティアは健康的です。主たる活動の場は当然、野外です。野外に出て肌で直に風に触れ、太陽を仰ぐだけでも健康的です。そのうえ適度に汗を流します。鎌を握って草を刈らねばなりません。草刈り機を使えば、鎌を握る以上の運動量です。木を植えるにはスコップで穴を掘らねばなりません。花を植えるにも鍬で耕さねばなりません。肥料も運ぶし、杭も打ちます。……これらのすべてが野外の全身運動です。

こうした全身の運動（肉体労働）は、ノルマを与えられたり強いられてしているのではありません。ボランティアが自らの体力や技能に応じて、自主的にする肉体労働です。健康のためにならないわけがありません。

さらにこうした全身の運動の結果は、単に自分のためでなく社会のために役立っているのです。心も健康にならないわけがありません。

野外のグリーンボランティアをしていると、ルームランナーや鉄アレイを必要としません。自分の健康のためだけにする「二キロメートル早足歩行」とか、「歩け歩け運動」といった社会的に「無駄な」運動をわざわざする必要がありません。社会に役立つ屋外の全身運動それ自体が、そのまま自分の健康のためになるというのが、グリーンボランティアの何とも言えない魅力のひとつです。

ちょっと一休み

グリーンボランティアには、楽しみがあります。いちばんの楽しみは、活動の成果が形になって見えることです。

人が踏み込めないほどの雑草地であっても、がんばって刈り込めば、すっきり見事な芝生の原っぱができ上がります。花苗を植えれば、「どんな花が咲くかな?」「もう咲きそうだ。」と待ち望む期間がなんともいえない楽しみです。やがて花壇いちめん爛漫と見事に咲き誇ってくれます。植えた木の緑が濃くなっていくのも楽しみです。

最近の仕事は、事務機器を使ったデスクワークや人と人とを取り結ぶサービスワークが多くなっています。そこでは口上や紙やパソコンで事が足ります。形あるものを作り上げていく仕事が少なくなっています。ところがグリーンボランティアでは、活動をとおして目に見える形を作り上げていきます。生きた自然を相手に土に親しみ、形あるものを創造するという労働の原点がそこにあります。それがなんとも人間性の本質に響くのです。

また、グリーンボランティアは心が和みます。人間は自分のことのみに専心していると、心のうちが空虚になります。人と人との関わりをもつことが大切です。共通の目的をもって関われば、さらに心が弾みます。ボランティア仲間には、「お人好し」の行動派人間が多いのです。いわば「世話好き」「親切好き」です。そんな文字どおり人の良い、良い人たちに囲まれているボランティアですから、心も自ずと和まないはずがありません。

そんなわけでグリーンボランティアには、いくつかの人間的効能があります。グリーンボランティアができることは幸せです。そうした幸せの実感も、活動をして初めて体験できることです。

年金暮しで悠々自適の人も増えています。現役の職業人であっても、労働時間は短縮しつつあります。月に休日が八日あるとして、せめてそのうちの半日、つまりひと月分の休日の十六分の一ぐらいの時間をグリーンボランティアにあてれば、きっとあなたは今以上に心身の健やかさを得ることでしょう。

ところで「物と金」の損得を言うなら、ボランティア活動は間違いなく損をする活動です。金権物質主義にどっぷりと漬かってしまった人からすれば、損をすることのために働くなどという「馬鹿らしい」ことは、考えも及ばないことでしょう。

大抵のボランティアは、ボランティア活動それ自体のために実践しています。ボランティア以外のなにか別の目的、たとえば名誉とか、地位とか、利得とかのためにしているのではありません。あれのためにこれをするのではなく、目的それ自体のためにするのですから、ボランティアは本質的に自由な人間活動でもあります。

真・善・美のハーモニー

グリーンボランティアは、野外における肉体労働だと述べましたが、実は、けっこうこれが人間の内面にかかわる活動なのです。

福祉ボランティアにしても「花と緑のボランティア」にしても、たいていのボランティアはボランティア活動を「自分がしたい」からしています。「自分がしたい」からしているのですから、形式だけからみるとそれは「自分のため」にする活動です。

ところが「自分がしたい」のはなぜか、ということになると、「自分がしたい」のは「他人のため」になるからだ、とたいていのボランティアは考えています。「他人のため」になるから「自分がしたい」のです。

見返りを期待して「他人のため」になすのが、通常の営利行為です。見返りを期待しないで「他人のため」になすのが、ボランティアです。しかもボランティアは、誰かに命じられたり、神仏に突き動かされてなすといったものではありません。自我が自己に問いかけ、自らの意志においてなされるのです。

このようにボランティア活動は、見返りを期待せず「他人のため」に「自分がしたい」からしている

真・善・美の結晶「海月苑」

道徳性の高い人間実践です。実際にはたいていのボランティアは、道徳云々にこだわることもなく、もっと素直にボランティア活動を続けているように見受けますが、ことの本質において、ボランティア活動はひとつの「善行」であることに違いありません。

また、グリーンボランティアを成功に導くためには、自然の生態系や植物の生理、植樹の方法などの知識が必要です。花壇を造ったり植樹をしたり、里山や希少生物種の保全・保護をはかったりしていくためには、対象である自然の生態系や花や樹木の生理・性質を知らなければなりません。日向を好む種を日陰に植えてどんなに成長を待っても、所詮まともに成長してはくれません。

さらに日常の管理知識も必要です。どの時期に肥料を施し、どのように病虫害を駆除するか……どの種にどのような管理が必要か、これらすべてが学問的真理にかなってなされなければ、期待した結果を得ることはできません。その意味でボランティア団体に高度な知識や技能があればあるだけ、その団体がなすグリーンボランティアはよりよい成果をあげることができるでしょう。(団体に能力があれば、個々のメンバーに知識や技能がなくても個々のメンバーは充分役を果たせます。比較的簡単な緑化活動なら、とくに知識や技能がなくても可能であることは言うまでもありません。)

グリーンボランティアは、美意識・情操といった人間の感性にもおおいに関わります。人間は、美しい庭園にいると心が澄まされます。ここちよく憩えます。人間の素直な感性は、きれいな花が好きなのです。人間のすぐれた感性は、コンクリートの連続よりも緑の芝生や緑陰を求めています。

美しい生物自然環境は、自然に起因した人間がよりよく生きるための必要な条件なのです。それゆえに人間は、自然に働きかけて生活資財を得てきただけでなく、公園をつくり庭園をつくり、より美しい花を咲かせるために研究もしてきたのです。

どのように花壇をデザインするか、どのように松や花木を植え込むか、どんな景観を未来予想するのか……、グリーンボランティアの具体的なひとつひとつの場面でセンスが問われます。ある自然環境を保全すべきかどうかの見極めも、見極める側のセンスにかかってくることも多いのです。そこでは結局、彫塑や絵画と同じように芸術美の精神が問題になっているのです。

グリーンボランティアの実践は、真・善・美のハーモニーに彩られた人間精神の表現と言えるでしょう。花と緑のボランティアをやりぬくには、野外の肉体労働ができる体力と同様に、真・善・美の精神の修養が求められます。

京都の嵐山の天竜寺や西芳寺（苔寺）などの名庭を造った鎌倉―室町期の禅僧・夢窓疎石（夢窓国師）は、

「あるいは山河大地、草木瓦石、みなこれ自己の本分なりと信ずる人、一旦山水を愛することは世情に似たれども、やがてその世情を道心として、泉石草木の四気にかわる気色を工夫とする人あり。もしよくかようならば、道人の山水を愛する模様としぬべし。」（夢中問答）

と記し、「庭園それ自体が人間の道である」と説いています。

グリーンボランティアを趣味か道楽のように評価している人もいるようですが（そういう一面がないわけではないでしょうが）、グリーンボランティアはもっと人間性に深く関わっているように私には思われます。

第2章　花と緑のボランティア・その実際

1　なぜボランティアを始めたのか

荒れていた公共空地――阿漕《あこぎ》が浦《うら》海岸

阿漕が浦は三重県津市にあります。古代から中世にかけての津市は、伊勢《いせ》の国《くに》・安濃津《あのつ》でした。「津」という文字は、「みなと」「ふなつきば」を意味します。したがって安濃津とは、安濃の里の港ということになります。

都が奈良や京都にあったころ、安濃津は都から東国へむかう船路の拠点でした。都から最短距離で太平洋岸に出ると、そこが安濃津だったのです。

江戸時代の書物にも「安濃津、海トノ間ニ松原アリ、コレヲ安濃松原ト云ウ。」とあります。「平家物語」にも、「清盛いまだ安藝守たりし時伊勢國あのゝ津より舟にて熊野に参られけるに……」とあります。

また安濃津は、東国への拠点港であったばかりでなく、大陸（唐や渤海など）との貿易港でもありました。中国の古書にも、日本の三津《さんしん》として、伊勢の国「安濃の津」、筑前の国「博多の津」（福岡県福岡市）、薩摩の国「坊の津」（鹿児島県坊津町）が紹介されています。

現在の津市は、どこにでもありそうな人口十六万の地方都市です。港らしい港もありません。ただ現在も伊勢湾沿いに南北十キロメートルをこえる海岸線が残っています。そのうちの約一キロメートルが阿漕が浦海岸です。そしてこの阿漕が浦海岸が、私たち「グリーンボランティアクラブ・阿漕浦友の会」（以下、Green Volunteer Club の頭文字をとってＧＶＣという）の活動の場です。

阿漕が浦は、遠浅の砂浜海岸です。渚はきれいな放物線を描いて続きます。海にはセイゴやボラなどが泳ぎ、砂中にはバカガイ、マテガイ、アサリなどが棲息しています。無料で潮干狩が楽しめるありがたい海岸でもあります。この阿漕が浦の北端は、ヨットやクルーザーなどマリンスポーツの拠点「伊勢湾海洋スポーツセンター」になっています。

平成六年の秋、この阿漕が浦にどっと見物人が押し寄せたことがあります。「日本鋼管津造船所」が建造していた巨大貨物船二艘が、折からの台風で漂流し座礁したのが、阿漕が浦の南端でした。あたかも夫婦のように巨大貨物船が二艘浜辺に寄り添っている姿は、遠くから人を呼び寄せるだけの迫力を感じさせる見事な光景でした。

ボランティアを始める前の殺伐たる阿漕が浦

私が幼少のころ（昭和二十年代）までの阿漕が浦は、京都や大阪から行楽客を呼べる格好の海水浴場でした。白砂青松、風光明媚の「伊勢の海県立自然公園」として賑わっていました。

この阿漕が浦の様相を一変させたのが、一九五三年（昭和二十八年）の「十三号台風」でした。それまでの高さ一メートルあまりの赤土堤防は、暴風雨と高潮をまともに受けて無残にも決壊、松林が至る所で薙ぎ倒され、海辺の人家も破壊されて、津市近在で死者・行方不明者五十名を数えました。

その後も「伊勢湾台風」の襲来や虫害や老衰によって「青松」を誇った老松が次々と枯死、さらには民有地の宅地造成で伐採され、阿漕が浦から「青松」の姿が消えていきました。そしてそれらと歩調を合わすかのように、阿漕が浦は市民からも行政からも見捨てられてしまったのです。

隗より始めよう！

高度成長が終わりバブルが弾けて、人々は改めて身近な環境に目を向け始めました。「物と金」ばかりに気を奪われているうちに、地球環境・自然環境は深刻な状態に陥っていました。

阿漕が浦では、セイタカアワダチソウ、ギシギシ、ホソムギなど人の背丈を越えんばかりの雑草が生い茂っていました。人の目が遠退いている間に、かつての「白砂青松」「風光明媚」の面影はすっかり失われ、ただのすさんだ荒地に変貌してしまっていたのです。阿漕が浦の海浜自生種であったハマヒルガオやハマエンドウは、陸地の雑草の進攻に必死に耐えてわずかながらも群落をつくって生き続けていましたが、ハマボウフウやハマニガナは絶滅の危機に瀕しており、ハマナデシコはすでに絶滅していました。

こうした現実を前にして、多くの市民が心を痛めていました。まちづくりを真剣に願う人のなかには、怒りにも似たいらだちがありました。近年、日本の沿岸から消えつつある貴重な遠浅海岸であるだけでなく、歴史の名勝地でもある阿漕が浦が、無為に放置されていることを惜しむ歴史家や文化人の声がありました。阿漕が浦の近隣で暮らす高齢者には、かつての阿漕が浦への郷愁と同時に、美しい阿漕が浦を再び取り戻し、孫子の世代に残そうという思いがくすぶっていました。

わずかに近隣の「社会福祉協議会」や二、三の個人・グループが、時々清掃などをしてくれていましたが、いわばその場しのぎの努力に終わって、いっこうに阿漕が浦の環境は向上しませんでした。阿漕

海岸にまで押し寄せてきた陸地の雑草

が浦周辺には、だれかが思い切って行動を起こさなければならない必然性が醸成されていました。だれかが「隗より始め」なければならなかったのです。

「阿漕が浦でグリーンボランティアを始めませんか」と最初に呼び掛けたのは、瀧澤君と私でした。瀧澤君は私の中学時代の同級生です。ともに「生物クラブ」に籍を置いていました。しばらく交際が途絶えていた二人が再会したのは、二十年ほど前のことです。そのとき瀧澤君は、専用ハウスまで造って蘭や山野草を楽しんでいました。私は私でエビネ蘭の栽培を広く手掛け、例年の展示会で専門誌の取材を受けたり、蘭の育種で名を馳せた「赤塚植物園」（津市）にエビネ蘭を卸すほどになっていました。瀧澤君も私も、山野草や蘭を手がける前には、盆栽づくりを経験しました。もちろん二人とも、自宅の庭は手造りです。そんなわけで、グリーンボランティアを始める前から、発起人の私たちには、自然や園芸に関する知識や技能がある程度そなわっていました。

グリーンボランティアを始めるにあたって、「気持ち」だけではおぼつかないと思われます。自然の生態や植物の生理、樹木や花苗の植栽方法など、ある程度、自然や園芸に関する知識と技能がほしいところです。あなたの心得が不安ならば、その道に通じた同志をお誘いすることもできるでしょう。あるいはまた、親身になって相談にのってくれる園芸店を見つけておくことも、グリーンボランティアを円滑にスタートさせる条件になります。

私たちGVCは、私の高校時代の友人N君がやっている津市郊外の植木・花苗の生産販売店「みどり園」に頼っています。そしてそのN君が紹介してくれたのが長谷川先生です。長谷川先生は「(社)日本植木協会」の副会長、「三重県樹木医会」の会長といった要職についておられる津市在住の植木屋さんです。

私たちGVCが、活動開始の段階から長谷川先生という大専門家を顧問にお迎えすることができたのは幸運でした。植栽方法や管理技能で指導を受けたばかりでなく、市販されていない特殊な海浜植物を全国各地から仕入れることができたのも長谷川先生や「みどり園」のおかげでした。

２　活動の中から組織をつくる

ロマンがあるから同志も集う

グリーンボランティアを始める決意を固めた瀧澤君と私は、まずは「呼び掛け文」を発して同志を募ろうと試みたのです。以下は、そのときの「呼び掛け文」の一部です。

阿漕が浦海浜一帯は、「育生地区社会福祉協議会」や心ある人たちのボランティア活動によって、環境の美化向上がはかられてまいりましたが、荒廃がそうした善意の先を行くような状況です。現在「海浜公園」は、公園の体裁を失いつつありますし、御殿場海岸までの草地区間には、セイタカアワダチソウなどの荒地の雑草が急速に勢力を伸ばしつつあります。このままでは、阿漕が浦の豊かな潜在能力が花開かないまま朽ちかねません。

従来ですと、公の土地や施設に関わることは、管轄の公的機関に要求として申し入れ、その実現を迫るというのが常道でしたが、そのパターンを続けているかぎり、現代政治の基軸に掲げられた市民・住民の「自治の政治」を発展させていくことができないのではないかと思われます。

今日まで津市には、市民が充分に憩え、他地域から人を呼べるような大規模公園が造られていません。この現状のなかでとりあえずは、豊かな潜在能力があり、すでに最低条件のある阿漕が浦海浜一帯を、大規模自然公園の体裁が整うところまで、市民・住民の自主的・主体的な手によって整備・造営・管理してまいることは意義深いことだと考えます。もとより百名を越える方々のボランティア活動があったとしても、なお数年を要する事業ですし、行政当局の相応の協力や多くの方々の財政支援もいただかなければならないことですので、創造的情熱に支えられた不屈のボランティア行動が永続して、はじめて可能だと考えております。

なにかとご多忙な皆様ばかりで恐縮でございますが、趣旨の一端をご理解たまわり、たとえ僅かなお力添えでも貴重な心と受けとめてまいりますので、阿漕が浦一帯の景観向上のために、伴に歩んで下さいますよう心からお願い申しあげます。

一九九五年七月二十五日

白砂青松の阿漕が浦（1930年代）

この「呼び掛け文」は、一度でも阿漕が浦で清掃活動を実行したことがあると聞き及んでいた団体の代表、阿漕が浦近辺の自治会長（ちなみに私も、阿漕が浦に隣接する町の自治会長です）、阿漕が浦の近隣に住居を有する市議会議員、それに瀧澤君と私の友人・知人・親戚など、合わせて約四十名あまりに郵送しました。その結果、この呼び掛けに応えて第一回の会合に集まってくれたのは二十名でした。

第一回の会合で、私は想いの丈を熱く語りました。こうした場合、発起人がボランティアの構想をそれなりに語れなければ、試みは最初でくじけるおそれがあります。その意味では、たとえ思い付きで始めることになったボランティアであっても、同志を募っていくことになれば思い付きにとどまっているわけにはいきません。仮にその構想が後々変更されていくとしても、一定の構想なくして前へは進めません。

またグリーンボランティアの構想が、発起人の趣味にとどまっていたり、発起人の個人的利害に左右されているようであれば、とうてい強い賛意を得ることはできないでしょう。

なにごとをするにしても「気持ち」が先行し過ぎていると、現実ばなれした抽象論になりやすいものです。自然や園芸の知識と技能を透して活動の場をよく見据え、「やりたい」ことより、まず「やれる」ことから始めるべきです。しかし、「やれる」ことをするだけでは足りません。そこにロマンが必要です。グリーンボランティアの構想にロマンがなければ、人々を見返りのないボランティア活動へと踏み出させるだけの情熱を喚起することは難しいのです。

ロマンは単なる空想ではありません。ロマンは、理想の（文字どおり理にかなって想われた）未来予想図です。構想が全部実現できるかどうかは、当面それほど重要ではありません。理想の未来へと広がっていく可能性が、そこにあるかどうかが問題なのです。

ともあれ、第一回の会合に出席したメンバーは、かつての阿漕が浦の思い出を語り、阿漕が浦の現状を嘆き、阿漕が浦のロマンを語り合ったのです。そして最後に「とにかく行動を始めよう」ということで合意したのでした。

活動しながらつくる・つくりながら活動する

グリーンボランティアを始める心構えのひとつに、「しないよりまし」ということがあります。「しないよりまし」とはいかにも「無責任」なようですが、何の保証もなく何の見返りもないボランティア活動ですから、そうでなければ始めの一歩が踏み出せません。

「完璧にやらねば……」「立派にやらねば……」「やり始める以上は……」などと、始める前から力んだり執着すると、結局、何もしないで終わることになりかねません。やる気が、思い入れの重さに負けてしまうのです。

ボランティア活動は、ボランティア自身が自ら志願をしてすることです。誰かと契約しているわけではありません。報酬を見返りとする債務を負っているわけでもありません。

繁茂した荒地の雑草を一旦は刈り取ったが、その後が続かなかったとしても、それはその地がまたもとの雑草地に戻るだけのことです。たとえ一時期でも、すっきりとした期間があっただけでも「しないよりまし」だったことになります。かりに意図した活動が中途で終わったとしても、いっこうにかまいません。もしそれを非難する人がいたとしたら、非難する人自身がやればいいのです。あとも継げないのに、非難をしている人がいたとしたら、それこそその人は、「悪い人」だと思っておけばいいでしょう。

グリーンボランティアは、組織がなければ活動が始められないというものではありません。むしろ実際はその逆で、活動を始めることによってはじめて、組織をつくっていくことができる性質のものです。

グリーンボランティアは、まず行動ありきです。

グリーンボランティアの活動の場はさまざまです。ボランティアに取り組むメンバーもさまざまです。活動のスタイルも結果も見えてこないうちから、机上で組織の体裁を整えてみても、それで活動が進展するわけではありません。

会社などは、まずは定款や綱領・規約をつくって組織化をはかりますが、まだまだ定型をもたないグリーンボランティアでは、机上で規約をつくっても、規約ではまったく予想していなかった事態が生じたり、すぐに規約を破らなければならない事態が生じたりするものです。

ボランティア活動は、命令や義務には馴染みません。そうは言っても、自主的だからということで、メンバーが勝手気ままに振る舞っていたのでは活動は進展しません。やはり形式と内容は相互に関連しあっているものですから、活動の運営を円滑にし、実際の活動で成果をあげていくためには、活動開始後の遅くない時期までに「趣意書」や「会則」を定めることが必要です。

「阿漕が浦で花と緑のボランティアをする」という目的以外に結びつきのなかった私たちGVCは、二回目の会合で次のような「素案」を確認しました。以下はその「素案」の一部です。


〈素案〉

基本方針
○常時百名以上の正会員で会を組織することをめざし、うち三〇パーセント以上の会員が行動に参加できるように運営する。
○やりがいがあり、かつ無理のない、積極的で具体的な行動計画を掲げ、常に成果を会員に還元する。
○財政問題で行き詰まらないように万全を期す。

運営細則

○原則として個人会員とする。
○会費は月五〇〇円、半年単位で三〇〇〇円を納入する。
○定例行動日を毎月第二日曜日午前とする。
○道具類は会員個人が用意し持ち寄る。
○花苗や肥料は、会の会費財源から支出する。

そして「現在、組織が出来上がっていて行動するという状況ではない。組織をつくりながら行動する・行動しながら組織をつくる、という状況であることを確認。一定の軌道に乗るまではぎくしゃくした運営になることも互いに了承、津市に（阿漕が浦に）立派な海浜公園をつくるという情熱のもとにがんばっていこう！」ということになったのです。

そんなわけで、私たちＧＶＣが活動を開始したときには、わずかにこの「素案」があっただけで「趣意書」も「会則」もなかったのです。あったのは「阿漕が浦の環境浄化・景観向上のためにボランティアをやろう！」という目的意識と協働の精神でした。

「趣意書」と「会則」

ＧＶＣの「趣意書」と「会則」が成文化されたのは、活動を開始してから三ヵ月が過ぎた頃でした。以下が、その「趣意書」と「会則」です。

「グリーンボランティアクラブ・阿漕浦友の会」趣意書

世わたりの　あはれは今も　引く網に　見るや阿漕の　浦の舟人　（谷川士清）

古代から中世にかけて、日本最大の貿易港のひとつとして栄えた安濃津の阿漕浦は、風光明媚の土地でもあり、多くの歌に詠まれ、芸能の舞台にもなっている由緒ある海浜です。

近年日本の沿岸から遠浅海岸が姿を消しつつありますが、津市の阿漕が浦はなだらかな放物線を描く良質の砂浜が今も残っている貴重な海岸でもあります。

私たちは、阿漕が浦が秘めるこの潜在価値に注目し、市民の奉仕活動を主体に、情趣ある景観美、心なごむ阿漕が浦、広く市民に親しまれ魅力あふれる「阿漕が浦海浜公園」を創造します。

「グリーンボランティアクラブ・阿漕浦友の会」会則

第一条　本会は、「グリーンボランティアクラブ・阿漕浦友の会」と称します。
第二条　本会は、本会の「趣意書」の目的を実現するために活動します。
第三条　本会の趣意に賛同する人は、だれでも会員になることができます。
第四条　本会の会費は、半年三〇〇〇円とします。ただし、学生会員は無料とします。
第五条　本会は、毎月一回定例行動日を定めて活動します。本会は、状況に応じて臨時行動日をもうけることができます。なお会員は、行動日に参加しない自由を保障されます。
第六条　本会は会の活動を円滑にすすめるため、毎月「通信」を発行することを原則とします。
第七条　本会の目的実現に要する費用は、会費、会の主体で特別に賛助を募る寄付金、その他助成金などでまかないます。
第八条　本会に次の役員をおきます。役員の任期は一年とし、再任を妨げません。
①顧問
②会長　一名
③副会長　若干名
④会計　一名
⑤理事　数名
第九条　本会の日常の運営は、役員で構成する理事会が行ないます。
第十条　本会は、毎年十二月に総会を開きます。総会は会長が召集します。

第十一条　本会の基本となる活動計画、趣意書の変更、会則の変更、役員の選任その他重要な事項は、総会出席者の過半数の賛成で決定します。

「趣意書」の冒頭の和歌は、江戸時代の国学者・谷川士清《たにがわことすが》の作です。谷川士清は津市の住人でした。古学を究め「日本書紀通証」を著し、古語、雅語、俗語を集大成した「和訓栞」を編纂しました。「古事記伝」で有名な松阪の国学者・本居宣長も、しばしば谷川士清の教えを乞うたと伝えられています。

「世わたりの　あはれは今も　引く網に」というこの歌の前提には、平安時代から阿漕が浦に伝わる「阿漕が浦伝説」（八五～九二ページで紹介）があります。

メンバーをつなぐ「会報」

現在のＧＶＣ会員は一〇七名です。高校生から八十五才までの幅があります。比較的多い年齢層は、男性では六十才～七十才、女性では五十才～六十才です。会員の居住地は阿漕が浦の近隣ばかりではありません。大概は津市ですが、隣接の市町に居住する会員も十二名います。阿漕が浦に思い出をもつ他県在住の協力的会員が二名います。職業もまちまちで、退職して悠々自適の人もけっこうおられます。

ボランティアへの参加の動機もさまざまのようです。もちろん「趣意書」の趣意が共通の意志なのですが、必ずしも自然好き、園芸好きが集まっているわけではありません。どんな分野でもよいからボラ

市民参加を呼びかけるチラシ

ンティアをしたいと望んでいた人、市民の手によるまちづくりに意義を感じている人、議員や地区の役員といった立場上参画している人、海が好きだから……、義理で……など、なかには暇だから…という人もおられるようです。

年配の方々には、これまで自分（自分の家族）のことのみに専念してきたので、これからは「他人のため」に役立ちたいと願っておられる方が、けっこうおられるようです。グリーンボランティアは、次代にもつながる息のながいボランティアです。その意味でも、グリーンボランティアは、いっそうやりがいのあるボランティアだと言えるでしょう。

グリーンボランティアの主たる活動の場は、天と地の間、風に吹かれる屋外です。しかし、そこだけが活動の場ではありません。行動日の作業計画を立てたり、行動日のために物品を取り揃えておくのも重要な仕事です。活動予定を会員に連絡したり、活動の成果を会員に報告もしなければなりません。管轄行政や他の団体や支援者・協力者との打ち合せや交渉もあります。会費を受け取ったり、帳簿をつけたりも必要です。このようにグリーンボランティアでは、屋外の作業ばかりでなく屋内の事務的仕事もけっこう多いのです。したがって、「花や木を植える作業は苦手だが、事務仕事なら得意だ。」「屋内の事務ボランティアならやってやろう。」という人も、組織には欠くことのできない貴重な人材です。

一般に「綱領」や「趣意」への賛同以外に、何らの共通性を持ち合わせていない集団では、活動がルーズになるか、財政が破綻するか、意見が対立して分裂するか、とにかくしばらくすると活動の勢いが鈍っていつの間にか開店休業になりやすいものです。

私たちGVCのように年齢にも幅があり、居住地も分散し、動機もさまざまであるボランティア組織では、その危険は大きいのです。そんななかで一人一人の会員をつないでいるのが「会報」です。私たちGVCの会報「阿漕浦友の会・通信」は、第二回目の会合のまとめというかたちで初めて作成され、各会員に届けられました。そして活動開始二ヵ月目からは、現在の形式に落ち着いています。

「会報」には、通常次のような記事を載せています。

(a)その月の定例行動日あるいは臨時行動日の日時、集合場所、行動予定内容。

(b)先月の活動の様子と結果の報告。

（c）阿漕が浦やＧＶＣが関係するイベントなどの案内。
（d）協力・支援いただいた人や内容の紹介。
（e）「ハマボウが咲きました。」「人出が増えました。」など、阿漕が浦の様子。
（f）その他。

「会報」は、毎月初めに発行しています。ＧＶＣのように会員が広域に点在している場合には、「会報」の手配りは不可能です。そこでＧＶＣでは、会員への配布を郵便に頼っています。それがいちばん確実で安心です。しかも処置が手早いのです。

「会報」の発行は、会の活動を対外的に報らせることにもなります。管轄の行政にも活動の報告を兼ねて送っています。支援者や協力者にも同様です。

「会報」は、グリーンボランティアのネットワークの要に位置します。「会報」は、メンバーの一人一人と会の活動をつなぐ重要な役割を果たします。そんなわけで、「会報」が作れて印刷もできる組織体制をつくることも、ボランティアを成功に導く不可欠の要素といえるでしょう。

3　始めに目に見える成果を

雑草が消えた！

ＧＶＣの活動が始まったころには、「海岸でボランティア」と言うと、大抵の人は「ゴミを拾うのですか。」と聞き返してきました。

私たちＧＶＣは、ゴミを拾わないわけではありません。確かにゴミを拾うことは、「人のため」になり尊いにちがいありません。しかし、ゴミ拾いにロマンを感じることはできません。少なくとも私にはそう思われます。

「ロマンがあるから張り合いも出る」と前にも述べました。「尊いことだから」「意義のあることだから」というだけでは、活動を持続しにくいものです。

もし公共空地のゴミをなくしたいと望むのなら、その公共空地で花を育てることです。そのほうが活動に張り合いがあります。花を育てるためには、当然ゴミも拾わなければなりません。また逆に花が咲いていればゴミを捨てる人も少なくなります。そんなことで結局、その公共空地からゴミをなくす方向へと向かいます。一見理想主義に思えることが、実は案外現実的なのです。

グリーンボランティアでは、ボランティア自身が満足を得、世間からも評価を得るためには、活動の結果がはっきりと目に見えることが必要です。特に活動のはじめはそうです。「人知れずやる」というの

除草もまた楽し

はもちろん美談ですが、皆で取り組むボランティアを、人知れずやっていたのでは活動に弾みがつきません。自分たちがお金も出し合って木や花を買い、何時間かの無償労働を提供したのに、これといった成果がはっきり目に見えてこないのでは、ボランティアの根本が成り立ちません。

一般にボランティア活動では、その成果が簡単にはかたちに表れてこない場合でも、成果は必ずあるはずですから、それを皆で評価・確認することを怠ってはいけません。とりわけボランティアのリーダーは、活動の成果を探り当て、それを引き出すことに注意を傾けるべきです。世間の評価を得たり、成果を確認する、ということは何も名誉心を満足させるためではありません。それは自分たちの活動の客観的な証を得るためなのです。

さて、行動を起こすことを合意した私たちは「どこからなにをするのか」改めて阿漕が浦全体を観察してみました。相変わらず背丈の高い雑草がやたら目に付きます。そしてゴミやカンは、そうした背丈の高い雑草のなかに投げ込まれているのです。結局私たちは、花壇を造ることにし、その予定地の雑草を除去することから始めることになったのです。

私たちＧＶＣの最初の取り組みは、一九九五年九月十日から十月末までの九週間、連続して日曜日の午前中に行われました。九週間連続して毎日曜日に行動したのは、前述のような理由で、最初に目に見える成果をあげることで活動に勢いを付けるためでした。

この連続行動を前に、市民の参加を呼び掛けるチラシを二百枚つくりました。チラシは、Ａ４の色紙を使い自動式の謄写印刷機で作成したものです。そのチラシでは、

「一〇・二九阿漕浦は花いっぱい」

をメインタイトルに、

「九月一〇日↓連続行動日↓一〇月二九日」

「すばらしい花壇が出現」

「阿漕浦に市民海浜公園を！」

という文字とともに、阿漕が浦のイメージ図を配置し、

「僕らは市民造園隊ってとこだネ」

「グリーン好きな人、この指たかれ！」

「すばらしい眺めだなアー。心もきれいになるヨ。」

「ドンドン夢がふくらむネ！　ハマユウ・ハマナス……津で一番の公園になるゾ。」

と、そのイメージ図のなかで人に模したカエルに語らせました。

最初の行動日に、阿漕が浦の現場にやってきたのは二十三名でした。この日に手懸けた面積は約一アールです。その地を除草し、そこに花壇を造ろうというわけです。

集まった男性メンバーの大半は、私（当時五十才）より相当高齢でした。半数は女性メンバーです。私は、鎌を使った経験はあったのですが、慣れているわけではありません。こんなに茂った大きい雑草を、果たしてこれらの会員の手作業で取り除くことができるだろうか、改めて顔ぶれを見回してみても、どうも心細いのです。

土に親しんだことのなさそうな「青年実業家」などは、あてがわれた軍手をはめてはみたものの茫然と立ちすくむのみです。事前の会議で息巻いていたのとは雲泥の差です。皆さん大いに気持ちはあるが経験がない、体力がない、草刈り機がない……というわけです。

うっそうと生い茂った広大な荒地を目前にして、

「これは無理かもしれない。」

「やめようか。」

「いっそ何も手をつけないでおいたほうがよいのでは……」

と、思わず弱気の虫が脳裏をよぎったりしました。

しかし、私には発起人としての意地もあるし、皆に賛同していただいた責任もあります。とにかく「やるしかない！」ということで作業に取りかかっていただいたのです。

「こりゃたいへんや。」

「草刈り機がなけな、でけへん。」

「手作業でぼつぼつやらなしょうない。」

「……」

おぼつかない手つきの割には、口の方はよく廻り、それぞれが口々に減らず口をたたきながら二時間半の作業をすすめると、ひととおり予定していた一アールほどの草が除かれました。力を合わせるということはたいしたものです。

結局、最初の行動日の結論として、

「さっぱりした。」

「いちおう、できたじゃない。」

ということになったのです。

花壇は人を歓迎する

さまざまなグリーンボランティアの活動のなかで、比較的作業が楽なのが、花を植える活動です。初めてグリーンボランティアをやってみようという人は、まず花を植えることから始めることをお薦めします。花は、人の心を和ませます。花は、その地を訪れる人を無言で歓迎します。

花を植える場所は至る所にあります。幹線道路沿いの並木の根元や路側帯のわずかな間隙でも花は咲いてくれます。ちょっとした空き地や町内の児童公園の草を抜き、花壇を造ることもできます。行きつけの公民館など公有地の庭は、きちんと整頓されているでしょうか。そこに季節の花が咲き溢れていれば、通う人の心はどんなにか和むことでしょう。もし用地に恵まれないのなら、プランターを利用する方法もあります。私が居住する町内を貫く道路沿いにはプランターが並べられ、一年中花が咲いています。水やりなどのお世話については、道路沿いの御家庭の心に頼っているのです。

では花壇には、どんな花を植えたらよいのでしょうか。これの答えは簡単です。とりあえずはどんな花でもよいのです。環境が向上するのなら、なんでもかまいません。各家庭で増えた花株や球根を持ち寄るのもよいでしょう。もちろんホームセンターや園芸店で売られている花苗なら上等です。まずはあれこれ贅沢を言わずに、実行したいものです。

私たちＧＶＣの活動場所は、繰り返し紹介してきたように海岸です。海岸には年中潮風が吹き、真夏は強烈な直射日光にさらされます。土壌も砂地で痩せています。一部では土壌に塩分が含まれているかもしれません。

私たちが海岸に花壇を造ろうとしたとき、「塩害にあってすぐ枯れるのではないか」という心配の声があがりました。しかし実際には、そうした心配は取り越し苦労に終わりました。パンジー、マリーゴー

訪れる人を歓迎する花壇

ルド、サルビア、タピアン、サフィニア、花手鞠、ハボタン、スイセン、グラジオラスなど花卉類はすべて順調に育ってくれています。これまでに塩害にやられたと思われる花卉類はありません。(ただし樹木類については、海岸では種類を選ぶ必要があります。)

今や植物の品種改良は、遺伝子操作にまで及んでいます。専門家の研究室では、厳寒や炎暑や塩害や病中害に挫けない品種改良が続けられています。たとえば三十年前には一ヵ月あまりの花期だったように思われるパンジーは、今では半年を越える花期を誇っています。花数も多く、厳寒や潮風にも十分耐える丈夫さです。

花壇や路側に植える品種はなんでもよいのが原則ですが、できれば年中花を咲かせておきたいので、そのためには品種の選択に多少の工夫が必要です。

一般にチューリップやフリージアなどの球根類

は、長いものでも花期が二週間です。短い種ならば二～三日です。球根種は花期の前後にそれぞれ二ヵ月ほど、葉だけの期間があります。花後の葉は痛んで見苦しいものがほとんどです。球根類は花後の世話を上手にすれば、また来年咲いてくれるという利点がありますが、なんといっても花期の短かさが欠点です。

冬から春にかけての花壇にもっともよいのは、パンジーです。パンジーはすでに世間にありふれている花ですが、強健で花つきもよく花色も多様です。花色の違いをうまく活用すると、なかなか楽しく豪華な花壇を造ることができます。パンジーはふつう十月末から十一月中旬ころまでに植え付け、翌年の六月までもたせることができます。

夏から秋にかけての花壇には、マリーゴールドやペチュニアやサルビアがよいでしょう。いずれも夏の暑さに負けずに花を咲かせます。それぞれ花色が幾種類かあるので、花色の組合せで配置を工夫すれば変化にとんだ花壇が造れます。また最近はペチュニアを改良した見事な品種が出回っています。これらは暑さをかえって好んでいるような花で、真夏の炎天下でも、豪華な花をびっしり咲かせてくれます。

このように適する品種を選べば、年二回の植え替えで花壇は十分です。そしてそれが最も経済的です。

「白砂」には「青松」を

植樹をするグリーンボランティアでは、その地域の風土やその活動の場にかなった樹種を選択することが大切です。「めずらしいから」とか、「変わっているから」という理由で樹種を選択するのは好ましいことではありません。奇をてらう、のはよからぬ人のなせる業です。「めずらしいから」とか、「変わっているから」ということでは、趣のある景観が形成できません。

海岸には松がよく似合います。クロマツはもともと沿海の樹木です。昔から風光明媚といわれてきた海岸風景は、砂浜海岸なら「白砂青松」、磯浜海岸なら「懸崖松」です。

クロマツの植樹

さて、雑草を取り除き花壇を造成したＧＶＣが、次に取り組んだのが六〇〇メートル続く約五ヘクタールの浜辺にクロマツを植えることです。かつてのように「白砂」の阿漕が浦海岸に「青松」を蘇らせようというわけです。

クロマツの植樹の当日（一九九六年二月二十五日）は、朝から曇り空でした。曇り空は植樹にとってむしろ好都合の天候です。もちろん寒い。厳寒の二月に松を植えるのは、昔から「二月の捨て松」と言われて、この時期のマツは捨てておいても根着くくらいに内部エネルギーが充実しているからです。

この日のクロマツの植樹は、私たちGVCメンバーに限らず、広く市民参加を呼び掛けたものでした。植樹を開始する予定の午後一時に、阿漕が浦の予定地に駆けつけてくれた市民や会員は約六十五名でした。

植える予定のクロマツは、樹高二・五メートルの八年生苗六十本と〇・五メートルの二年生苗一〇〇本でした。駆け付けたボランティアは、松の根巻きのほぼ十倍の容積の穴を掘り、山砂と浜砂と堆肥の比率を六対三対一に混ぜて次々に植え込んでいきました。クロマツが植わる後からは、女性陣がすかさずパンジーを根元に植えていきます。

多忙な日程をやり繰りして、近藤津市長さんも阿漕が浦に駆けつけてくれました。市長さんはボランティアの面々に向かって、感謝と励ましの挨拶をされたあと、記念の植樹をされました。私たちGVCは記念樹の前に、表に「津市長記念植樹・平成八年二月二十五日」、裏に「グリーンボランティアクラブ・阿漕浦友の会」と明記した標柱を立てたのです。

標柱を立てたのは、このことで市長さんを讃えるためではありません。津市民を代表する（少なくとも法律的・形式的に代表する）市長さんが、私たちのボランティア活動を認知していることを公にするためです。つまり、阿漕が浦でのグリーンボランティア活動が、単に私たちGVCだけのものでなく、広く市民に開かれ市民とともにあることの証として標柱を立てたのでした。

この日のクロマツ植樹には、市の職員さんも何人か駆けつけてくれていました。その中には産業労働部の部長さんや都市計画部の緑化推進室長さんの姿もありました。いづれも自前のスコップ持参です。「市長が出席した手前、お義理で出てきたのかな？」と多少穿った見方をしていたのですが、彼らの働きぶりは熱心でした。クロマツの植樹に興じるほどに、気合いも入って頑張ってくれていました。

自治体の職員はまちづくりの専従者です。普通の市民がまちづくりに汗を流しているときに、専従者が怠けていていいわけがありません。そうは言っても自治体の職員は、毎日の勤め人です。決められた時間内に一生懸命働けば、休みの時間は休みたいのが人情です。そんな背景があるなかで、とにもかくにも自治体職員が一般市民と協力し合って、共にまちづくりに励んだ姿には美しいものがあります。泥にまみれた作業着姿です。その姿が美しいのは、その活動に好ましい輝きがあったからでしょう。

自分たちもびっくり

ところでこの日は、クロマツばかりでなくゴヨウマツも植えました。U建設さんが寄贈してくれたゴヨウマツを津市郊外で掘り取り、それらを阿漕が浦に移植したのです。

この日早朝から特別編成の別働隊がゴヨウマツの移植作業を手懸けていました。二十年以上はたっている太い幹周りのゴヨウマツです。枯らさないようにするためには、根を上手に掘り起こさなければなりません。樹齢がたち根張りが大きいので手作業では無理です。助っ人をかって出てくれたK工業のNさんは、巧みにユンボーを操って根を痛めないようゴヨウマツを掘り起こし、慎重にトラックに積んで

植樹されたクロマツ・ゴヨウマツ

いきます。一本一本掘りあがって積み込まれるたびに、歓声があがるほどの熱気でした。

庭師？　の技能をかわれた五人の会員は、小枝の剪定をしたり（根を切ったのと同じ程度に枝葉を切り落としておくのが、移植後の活着率を高める方法です）、根に湿った布を巻き着けたり（細い根にある毛根を乾燥させてしまうと根の機能が失われ活着しません）、忙しく立ち働きました。

そしてその結果、この日の夕刻までに十九本のゴヨウマツを阿漕が浦に移植することができたのです。ゴヨウマツを植え終わった時には夕暮がせまり、いつのまにか降り出していた雨に皆ずぶ濡れになっていました。意外と寒さは感じなかったのです。二月の夕刻の雨です。寒くなかったはずがありません。寒さを感じなかったのは、きっとそれ以上に心と身体が燃えていたからなのでしょうか。

ドラマはその後にもありました。一通りの作業を終え、ひと息ついて驚いたのです。とっぷりと暮れかけた阿漕が浦の様子が一変していたのです。昨日までの殺風景な阿漕が浦が「大変身」しているではありませんか。クロマツ、ゴヨウマツなど二〇〇本の樹木が林立し、色とりどりのパンジーが地面いっぱいに咲いています。

夢中で立ち働いていた私たちは、辺りを見回すこともなく、その「大変身」に充分気づいていなかったのです。改めて気づいて、皆がびっくり仰天！　大感動でした。「やったなァー」と心底から沸き上がってくる満足感がありました。グリーンボランティアの「報酬」のひとつは、こうした作業後に受ける感動です。

「明日、犬の散歩に来たら驚くだろうなあ。」

「我ながらびっくりしたわ。」

「ええようになった。ええようになった。」

「歴史に残るにな。」

自分に言っているのか、側のだれかに言っているのか、盛んに感嘆の声がもれました。一夜にして城を築いたという戦国武将の話もありますが、一九九六年二月二十五日のたった一日で阿漕が浦の様相が一変したのです。これまで殺風景だった土地に、一日にして素敵なクロマツやゴヨウマツ、それを取り巻く可憐な花園が現われたのでした。

一日で「大変身」、植えた本人たちも驚いた阿漕が浦の変転が、しばらく近隣の噂の種になったのは言うまでもありません。

4　市民の総合力はすごい

パンジー二万株に大歓声！

孔子は「論語」のなかで「和而不同、同而不和」（わしてどうぜず、どうじてわせず）、君子は人と仲よく交わるが、ぐるにはならない、小人はぐるにはなるがほんとうに仲よくならない、と注意を促しています。

組織が一応の体裁を整えるようになると、知らず知らずのうちに仲間うちだけに閉じこもってしまい、その言動や活動が排他的になってしまうことを警戒しなければなりません。ボランティア組織は、固定化することなく常に社会に開かれていることによって、社会の理解も得、協力も得ることができ、目的の実現が可能になるのです。

私たちGVCは、いくつかの重要な場面で社会の協力を受けてきました。前述のマツの植樹もそうですが、重要な場面での社会の協力が、その後のGVCの活動の方向を決めていったと言ってもよいでしょう。短い期間で私たちGVCが相当の成果をあげることができたのも、第一には会員の皆さんがよく働いたからですが、第二には社会の暖かい協力があったからです。

たとえばこんな例がありました。GVCは桑名市の「山本園芸」さんからパンジーを大量にいただきました。

初めてパンジーを貰い受けに行ったのは、一九九六年二月十日の朝でした。桑名へはSさんが用立ててくれた大型の花苗専用車で出掛けました。寒波で凍結した道路を慣れない大型トラックを運転する、あぶなっかしい出発でした。

山本さんは、温室園芸組合の組合長もなさっておられる方で、人柄温厚な篤志家です。山本さんの温室はいくつもありました。

私は、出発前に

「千株ぐらいはいただきたいなあ。」

と、少し欲をもって出掛けたのです。ところがどうでしょう。山本さんは、温室内のパンジーを全部もって行ってもよいとおっしゃったのです。

見渡せば巨大な温室にびっしりパンジーが咲いています。見慣れていない素人の私たちには、その数の見当もつきません。千株どころの騒ぎでないことだけは確かです。

「これはうれしいことだ。」

と喜んだのですが、その一方で、

「こんな沢山はいただけない。」

「第一、積めない。」

と思えたのです。その時はまだ私たちは、花苗専用車には花柄《かへい》を折らないよう棚に一段一段積み込むつもりだったのです。

色とりどりの種類があるのは最近の園芸品種の一般的特徴です。さすがに最先端をいく専門生産者の温室です。私の初めて目にする花色もありました。朱の芯に紫の花弁です。花弁がちぢれている品種もありました。

「これがきれいだ。」

「あれがいい。」

などと言いながら、三十六株入りのケースを六ケースずつ温室から運び出し、それぞれの品種ごとに花苗専用車に積み込みました。正常の積み方では、これでほぼ満杯です。ところが温室内の様子は、始めとほとんど変っていないのです。つまり四千株ほど運び出しても、相変わらず温室内にはびっしりとパンジーが咲いているのです。

「もうちょっともらっていこうか。」

「全部もっていってもいい、とおっしゃっていたし……。」

「残しておいても、おそらく捨てるのでしょう?」

などと私たちは、都合のいいことを口にし始めると、その言葉につられてみるみる欲が湧き出てきたのです。

「いま咲いている花柄が折れても、すぐに次々と咲いてくるから……。」

と、結局、

「重ねて積んでいこう。」

花壇造り

ということになり、改めてパンジーのケースを温室から運び出し、花苗専用車に積み重ねていったのです。

「これでもか。」

「これでもか。」

「まだ、まだ。」

というように、がんばって運んでは積み、運んでは積んだのです。もうくたくたでした。とうとう体力の消耗が欲に勝って、

「もうこれくらいにしようや。」

ということで、乱れた温室内の後片付けをするころには、さすがに温室の半分が空になっていました。花苗専用車の中では、分厚い棚板が今にも折れそうに下垂しています。花の上に花を積み、花の上に花を積み……、ほぼ一枚の棚板に六段重ねでパンジーのケースが乗っていました。

後でこの日いただいた株を数えてみると、なん

と二万株弱あったのです。仮にこれを小売りの高値に換算すれば二百四十万円、安値に換算しても百万円に相当しました。専門の生産者からすれば、市場に出荷するピークも過ぎ、あまり価値がなかったのかもしれません。しかし私たちＧＶＣからすれば、とんでもなく価値の高い感謝・感激の頂き物でした。

「なんちゅう量や。」

「メチャクチャ多いやん。」

と、待ち受けていたＧＶＣメンバーは、大歓声をあげてのはしゃぎようでした。

ＧＶＣでは、これらの大部分を阿漕が浦に植え、一部は会員や一般の活動参加者に持ち帰っていただきました。日頃からお金を出し、無償で労働を提供している会員に、思いがけず「利得」が入った「パンジー物語」でした。

市民ひとりが一本運動

「市民ひとりが一本運動」は、ひとりの市民がハマユウの苗を一本買って、それを阿漕が浦に植えようという運動でした。この運動の意義は、ふたつあります。

ひとつは、自分たちだけの活動に閉じこもってＧＶＣが専権的に花と緑のボランティアをするのではなく、ひろく市民の皆さんと「阿漕が浦海浜公園」造りを共有しようというところにあります。ささやかではあるけれども、自分たちのまちは自分たちでつくっていくという、心ある市民へまちづくりのチャンスを提供するということです。

いまひとつは、私たちＧＶＣだけでは十分な苗数を買う財源を捻出できない現状のなかで、ハマユウを買う財源の提供を広く市民に呼び掛けるということです。市民の参加を呼び掛け、広く市民の寄付行為を受けるという試みです。

私たちＧＶＣでは、この「市民ひとりが一本運動」をすすめる手立てとして、次のようなチケットをつくりました。

「市民ひとりが一本運動」の実際は、市民ひとりが千円を供出し、ハマユウの苗二本と少々の山砂と肥料を購入し、名札をつけて阿漕が浦に植えるというものでした。

必要な名札は、家具製造業のＦ会員が作ってくれました。木工の技術を持ち合わせていない私などからすると、こうした木製の名札をつくる作業はたいへんな労力を要するように思えます。が、Ｆ会員のように身近で機械を駆使できる熟練の職人さんにとっては、さほどの手間でもないらしいのです。

私はＦ会員の手際の見事さに敬服しながら、一人一人の会員がそれぞれの持ち味を発揮すれば、けっこう何でもできるなあ、と思ったのです。そしてそれに、地域住民や広く市民の能力を総合すればなおさら、と思わずにはいられませんでした。

Ｆ会員のおかげで、「市民ひとりが一本運動」に参加いただいた皆さんの名札を、植えたハマユウの株の前に立てることができました。自分で植えられなかった方には、ＧＶＣ側で名前を記入させていただいたのです。

浜木綿（はまゆう）の浜“阿漕が浦”へ

協力券
1000円

私達は「阿漕が浦」の景観を向上させるための取り組みを続けています。すでに花壇を造り、クロマツやゴヨウマツを植えました。

今度は、市民の皆様とともにハマユウを１０００株植えたいと希望しています。

このチケットで、ハマユウ２株と交換し、名札もつけて阿漕浦に植えていただくことができます。

グリーン・ボランティア・クラブ　阿漕浦友の会　取扱者署名

……キ……リ……ト……リ……線……

ありがとうございます。次の必要事項をご記入ください。

ご住所

お名前　　　　　　　　お電話　　－　　－

☆植える日時は、５月１２日（日曜日）午後１時からです。雨天の場合は、19日午後1時からです。
☆植える場所は、阿漕浦海岸の「友の会」が指定させていただく地点です。
あなたは、自分の手で植えられますか。次のいずれかを○印で選択してください。

①自分の手で植える。　②「友の会」で植えてください。　扱者名

お約束　次の諸点をご了承下さいますようお願いいたします。

(1)植える日時は、5月12日（日曜日）午後1時からです。雨天の場合は、19日午後1時からです。
(2)植える場所は、阿漕浦海岸の「友の会」が指定させていただく地点です。
(3)花木の所有権は、三重県に帰属します。従いまして、法律上は、あなたから三重県に花木を寄贈していただくかたちになります。
(4)花木の管理は、あなたご自身が管理されない場合は、「阿漕浦友の会」が、自己の物と同一の注意義務で管理させていただきます。万一枯死しても、賠償や補植はできません。
(5)行政上の必要から、または景観上の都合から、やむをえず移植あるいは伐採することがあります。

グリーン・ボランティア・クラブ「阿漕浦友の会」
連絡先：津市柳山平治町３６３－３３　☎２５－０５７６

ハマユウ植栽のためのチケット（表と裏）

一般に寄付行為については、有名行為とするか、無名行為とするか、議論のあるところです。つまり、寄付をした人の名を表示した方がいいのか、しない方がいいのか、という問題です。（額まで明記するのか、しないのか、という問題もあります。）

その「善行」をだれがしたのか、いちいち名前を表示するということは、名誉心を誇示しており精神の貧しさ以外のなにものでもない、と解釈できなくもありません。そしてどんな場合でも、いちいち名前を表示するということには、そんな意味合いも付いて回ることでしょう。

しかし私たちＧＶＣでは、そういった名誉心がどうのこうの、という問題よりも、市民みんなが力を合わせてやったのだ、ということの意義を重視しました。植えられたハマユウの前に並んだ名札を一見すると、「だれだれの名誉が……」などというケチな思いは少しも湧いてきません。その有様からは「みんなが協力して植えたのだ」という雰囲気がわきあがってきます。それが名前のもつ不思議さなのでしょうか。とにかく名札を掲げたことで、市民の総合力のすごさというものが見る者の側に伝わってきたのでした。

「告発事件」の顛末

この「市民ひとりが一本運動」では、こんなこともありました。

確か一九九六年八月二日だったと思います。ちょうど夜の九時前だったでしょうか。私のもとにA新聞の記者と名乗る人から一本の電話が入りました。電話の向こうの声は、

「阿漕が浦の久米さんたちの活動が、検察庁に告発されました。」

と言っているではありませんか。

「エッ何だって?」

と一瞬耳を疑ったのですが、すぐに思い当る節がありました。電話の向こうの記者は、私の瞬時の予感どおり、

「阿漕が浦に政治家の名前が掲示してあるということで…、具体的には『公職選挙法違反』で、A、B、Cの三名の政治家が告発されました。」

と続けたのです。

その「告発状」(正しくは「告発状」としなければならないのに、実物は「告訴状」と誤って記してありました)は、次のようなものでした。

告訴状

A
B
C

上記被告訴人らは公職選挙法により選挙された地方特別公務員であり、Aは…、Bは…、Cは…であるが、津市の阿漕が浦海浜公園を今春設けるにあたり、海岸堤防の外側の砂丘地帯を崩し、花木を植栽するに当たり、その一本毎に提供者の氏名を表示することとなったを奇貨とし、これに自己の氏名を大書、これを掲げ、自己の宣伝に供した。

上記行為は公職選挙法一四三條にさだめる規定の証紙を添付した一二面の看板以外の掲出に当たる違法行為であり、該当者は二年以下の禁固または五〇万円以下の罰金に処するの定めがある。

同公園には広告等の掲示を禁じた表示もなされ、海水浴場でもあり、自然を保護し、風致を守る義務が一層重い指導的公務員としての被告訴人の上記行為は厳しく処罰せられるべきである。

以上により告訴に及んだ次第である。

一九九六年八月二日

告訴人……

津地方検察庁　御中

ハマユウを植える参加者

Tさんも S さんも……、みんなの輪

私はこの「告発事件」で、二日にわたって検察庁に出向き、事情を話すことになりました。結論を先に言えば、当然のことながら検察庁の判断は「嫌疑まったくなし」でした。

私たちＧＶＣが、標柱や名札を立てた意味はすでに述べたとおりです。特定の議員の選挙運動のためでないのは言うまでもありません。また「告発状」が言うような「砂丘地帯を崩し」たこともありません。市民を代表している立場の議員が、こうした「市民ひとりが一本運動」に率先参画し、グリーンボランティアに貢献することは、それこそ「指導的公務員」として称賛されるべきことです。

議員という立場だから普通の市民と違う扱いになる、ということはありえることですが、この「市民ひとりが一本運動」では、議員だからといって参加を自粛しなければならない合理的理由はないわけです。名札の大きさも、横六・五センチメートル・縦二十五センチメートルの小さなものです。「告発状」が大げさに指弾するような「自己の氏名を大書、これを掲げ、自己の宣伝に供した」という程度にはあたりません。

いろんなことが起きるものです。アクションを起こせば、リアクションがあるのがつきものです。社会から協力ばかりが得られるとは限りません。こちらが良いと思っていることも、ダメと考えている人もけっこういます。誤解からくる批判もあります。告発云々は滅多にないとしても、ちょっとしたもめごとは生じるかもしれません。

グリーンボランティアの活動を進めるにあたって、世間の意見や批判に謙虚に耳を傾けることが必要ですが、世間の意見や批判を、それこそ無批判に真に受け過ぎると、何もできなくなってしまいます。

よく見聞きし、わきまえ判断し、信念をもってことに当たることも、また必要です。

5 「伊勢の国、阿漕が浦。迎月の宴」

阿漕が浦伝説

天皇家の皇祖を祭る神宮が、大和の地から伊勢の地に移されたわけには、伊勢の地が伊勢湾という豊かな海と、伊勢平野という肥沃な農地をもつ、気候温暖な地であったことがあげられます。九世紀ごろには、神宮は伊勢平野の中央に位置する安濃の里（現在の津市と安芸郡安濃町）に、いくつかの神宮領をもっていました。安濃の地崎の海も、神宮奉納のための御贄所《みにえどころ》と定め、里人の漁を禁じていたのです。

ところがこの殺生禁断の海に、夜な夜な網を引く者が現われました。密漁を繰り返すうちにこれが人に知られるところとなり、捕らえられ厳罰に処されたというのです。その密漁者の名が、「阿漕」とも「平治」（平次）とも伝えられています。これが「阿漕が浦伝説」の発端です。

その後この「阿漕が浦伝説」はさまざまに脚色され、延々と阿漕が浦に伝わることになります。時代によって密漁者も悪玉になったり善玉になったり、そのストーリーもさまざまです。

私は、この「阿漕が浦伝説」発祥の元となった「事件」は、ちょうど藤原良房が摂政に就任した九世紀半ばの頃だと推測しています。しかし、伝説の常で定かなところはわかりません。また、わかる必要もないのでしょう。ただ、一一〇〇年続くこの伝説は、広く全国に知れ渡った第一級の伝説であることは確かです。

「阿漕」という言葉が出てくる古い書物に、九世紀末に編纂された「古今六帖」があります。「古今六帖」は、和歌を作るときの手引書のようなもので、そのなかの「たひ」（鯛）の項目に、

逢ふことを　あこぎが島に　引く鯛の　たびかさならば　人も知りなん

と歌われています。

これは、好きあう男女がこっそりと人目を忍んで逢瀬を重ねていたが、密会が度重なったので人に知られてしまったという恋物語を、阿漕が浦の密漁発覚事件に掛けて詠まれたものです。

室町時代の能の大家・世阿弥は、「阿漕が浦伝説」に取材して能「阿漕」を作っています。世阿弥の「阿漕」は、次のようなストーリーです。

伊勢の神宮に詣ろうとした日向の国（宮崎県）の男が、阿漕が浦にさしかかったとき老漁夫に会うというところから話は始まります。日向の国の男が、老漁夫に阿漕が浦のいわれを尋ねると、老漁夫は、この浦は神宮の御贄調達の海であったところ、阿漕がたびたび密漁をし、これがばれてこの沖に沈められたことから出た名だと答えます。そして回向を頼んで消え失せます。

日向の国の男がお経をあげていると、阿漕の亡霊があらわれ、浦で網を引いた様や、今地獄で苦しんでいることを告げ、どうか罪を重ねたこの阿漕を助けてください、どうかこの罪を救ってください、と

いってまた海の底へと入ってしまうというものです。

この世阿弥の「阿漕」はいわゆる亡霊物で、密漁者＝阿漕＝悪玉説を採っているように思えますが、

伊勢の海　阿漕が浦に　引く網も　たびかさなれば　顕れにけり

や、

海士《あま》の刈る　藻に棲む虫の　われからと　音をこそ泣かめ　世をば恨みじ

の和歌を巧みに取り入れており、題材の凄惨さと和歌の優雅さがミックスした見事な幽玄の世界を醸し出す作品となっています。

他にもいくつかの作品がつくられています。御伽草子「阿漕の草子」や、古浄瑠璃「あこぎの平次」、人形浄瑠璃「田村麻呂鈴鹿合戦」（勢州阿漕浦）などでは、「阿漕」を地名とし、密漁者の名を「平治」あるいは「平次」としています。ごく最近では、西田久光氏が戯曲「我聞阿漕」を著し、千葉県、三重県での「国民文化祭」や東京公演で好評を得ました。

津市の教育委員会では、

「昔、阿漕浦が神宮御用の禁漁区で魚をとることが出来ない場所でありました頃、平治と云う親孝行な漁夫が阿漕浦の矢柄《やがら》と云う魚が母の病気の妙薬と聞いて禁制を犯して夜な夜な矢柄をとり母にたべさせて病気の治っていくのを楽しみしておりましたが、或る風の強い日に平治と印のある笠を浜に置き忘れた為に捕らえられ、法により簀巻《すまき》にされて阿漕浦の沖深く沈められた……」

と、史蹟・阿漕塚に掲示しています。

おそらく儒教の影響が強かった江戸時代の作話と思われるこの「孝子平治」説は、密漁者＝平治＝善玉説をとっており、これが現在の通説となっています。

私たちＧＶＣは、古代から中世にかけての「安濃の津」の湊跡であり、「阿漕が浦伝説」発祥の地である阿漕が浦の由緒を貴重な市民の「財産」と受けとめ、後世へとまた引き継いでいきたいと願っています。

また、阿漕塚の隣には芭蕉の句碑があります。ただこの句は、芭蕉関連のどの句集にも載っていないそうです。

月の夜の　何を阿古木に　啼く千鳥　（芭蕉）

海に昇る中秋の満月

殺伐としていた阿漕が浦を、情趣ある景観美、心和む阿漕が浦、広く市民に親しまれ魅力あふれる「阿漕が浦海浜公園」にしようというＧＶＣの目的は、予定より早いペースですすみました。活動を開始して秋から冬へ、春から夏へと一年を経過する頃には、当初の目的が夢に終わらず、実現するであろうことに、皆が確信をもち始めていました。阿漕が浦の自然の価値を引き出す試みの、確かな一歩は踏み出せたのです。

そして今度は、歴史の名勝地である阿漕が浦の潜在価値を、どうしたら現代に活かせるか、関心の比

阿漕塚の芭蕉の句碑

重が移りました。浜木綿や黒松は、いわば海浜の静的な自然景観です。そこに何らかの動きを加えることで、阿漕が浦の歴史の価値を活かせないか、私は思案をめぐらせたのです。そこで、考えられたのが「伊勢の国、阿漕が浦。迎月の宴」でした。

阿漕が浦は、伊勢湾の西岸に位置します。東に伊勢湾を観、遥か彼方に太平洋を望むことになります。中秋の満月が、伊勢湾から太平洋へと広がる海の水平線から昇ります。それはちょうど三島由紀夫の小説「潮騒」の舞台、神島の彼方です。

海から昇る満月を日のあたりにすることができるのは、日本広しといえどもそう多くはないはずです。京都や奈良の「観月会」は、神社やお寺の境内です。月が昇る海がありません。名古屋、大阪、東京では、海は港になっています。赤色灯を点滅させる巨大クレーンの向こうに昇る月は、風趣に欠けています。

それに引き替え、阿漕が浦には海に昇る満月があります。阿漕が浦にはたおやかに放物線を描く渚があり、その向こうに続くのは波静かな伊勢の海です。その伊勢の海の水平線から中秋の満月が昇るのです。こんな優雅で雄大な光景を見過ごしておくことはありません。

海に太陽が昇ることは、だれもが知っています。しかし、海に月が昇ることは案外知られていません。とりわけ中秋の満月は、海浜が暮れそむるころ水平線から昇り始めます。一年中で海がもっとも趣をかもしだすひとときです。

海に昇る中秋の満月、この絶好の時をとらえて世阿弥の能「阿漕」を披露します。能そのものは、別にめずらしいわけではありません。しかし、古曲をその作品の舞台となった場所で舞うのは、全国でも極めてめずらしいはずです。まさに「阿漕」の舞台となった当の阿漕が浦で「阿漕」を舞うのです。しかも世阿弥は、「阿漕」を舞う季節を「秋」と指示しているではありませんか。季節もぴったりです。

中秋の満月と能「阿漕」の取り合せを思いついたとき、私は「これだ」と思わずにはいられませんでした。「伊勢の国、阿漕が浦。迎月の宴」と名称を古風にしたのは、中世の幽玄と雅びの世界を再現せんがためです。そうは言ってもそれまで、私は一度も「阿漕」の舞台を観たことがなかったのです。この「伊勢の国、阿漕が浦。迎月の宴」の基本的な構図に確信はあっても、実現への道筋は漫然としたものでした。

ＧＶＣメンバーの大半は、「阿漕が浦伝説」について、津市教育委員会作の「孝子平治」の通説しか知らないようでした。そのうえ、高齢になる今日まで、中秋の名月に限らず海から昇る満月を観た経験をもつメンバーも多くはなかったのです。私が「伊勢の国、阿漕が浦。迎月の宴」の話を切り出したときにも、何だか良さそうな気もするが、良いも悪いもわからない、というのが大方の気持ちだったと思われます。

私たちＧＶＣの「とにかく行動を始めよう」という体質は、このときも同様でした。中秋の名月まで残り二ヵ月でした。時は待ってはくれません。「とにかくやってみよう」ということになったのです。誰もが初めての経験でしたが、これまでの人生で培ったさまざまな経験のあるＧＶＣメンバーです。そのことに信頼を寄せ、「三人よれば文殊の知恵」ということで出発したのです。

実現への道筋は、開催の趣意をまとめる過程でだんだんと浮かびあがってきました。

「伊勢の国、阿漕が浦。迎月の宴」の開催の趣意の第一は、海から昇る中秋の満月という優雅で雄大な自然を、多くのみなさんに楽しんでいただく機会をつくるということにあります。

そして第二の趣意は、「阿漕が浦伝説」を今に活かし、まさにご当地阿漕が浦に取材した世阿弥作・能「阿漕」を舞っていただくことで、阿漕が浦の由緒を引き出そうということです。

海に昇る赤い満月

基金も貯えもたないＧＶＣが、プロの能楽師を招請することには、大いに財政の不安がありました。ただ、海に昇る中秋の満月の見事さに十分対応できるためには、プロの水準がほしかったのです。この地方には喜多流の流れがあります。私たちＧＶＣは、喜多流で国の無形文化

神島
志摩半島
伊勢の国 阿漕が浦 迎月の宴
ハマナス
臥龍の松

知多半島
伊勢湾海洋スポーツセンター
桜貝
花壇
ハマゴウ
ハマエンドウ
ハマボウフウ
ハマニガナ
コウボウムギ
ハマユウの径
海月苑
ハマボウ
ハマヒルガオ
野口雨情

財・長田驍能楽師主宰の「長袖会」に「阿漕」を舞っていただくよう依頼したのです。

そして第三に、この行事が海の環境浄化・景観向上への意識の喚起につながり、まちづくりにも役立つことを望んだのです。

この「伊勢の国、阿漕が浦。迎月の宴」は、文字どおり宴（宴会）です。参加者のめいめいが浜辺にござを敷き、海と月とすぐれた芸能に包まれて美酒をいただこうというものです。人生、これほどの贅沢はめったにありません。

この「宴」を実現する道筋で最も重要なことは、行事の主催者を私たちＧＶＣではなく、「みなさん」であるととらえたことです。私たちＧＶＣには、「伊勢の国、阿漕が浦。迎月の宴」を主催するだけの甲斐性がないのです。ひとつのボランティア団体が、二百万円、二千人規模の行事を遂行するには、ボランティアの側が世話役に徹して、「みなさん」にやっていただくという姿勢をもたなければ、とてもやれないことのように思われます。（なお「伊勢の国、阿漕が浦。迎月の宴」を行政が主催すると、一千万円近くかかるという有力な説があります。）

私たちＧＶＣは、あくまでも「みなさん」のお世話をする世話役団体であって、主催者は、出演いただく芸能家であり、スポンサーになってくれる企業や商店や心ある個人であり、協力してくれる市民団体や地元テレビ局であり、後援してくれる三重県、津市、津市教育委員会であり、報道してくれるマスコミ各社であり、当日参加する参加者を含めた「みなさん」なのです。

「伊勢の国、阿漕が浦。迎月の宴」

第一回の「伊勢の国、阿漕が浦。迎月の宴」は、一九九六年九月二十七日に催されました。そのときの「開催の趣意書」は、次のようなものでした。

「津の海」環境向上ボランティア観月会

「伊勢の国、阿漕が浦。迎月の宴」　開催の趣意書

来る九月二十七日（金曜日）午後六時四分、阿漕が浦に中秋の満月が昇ります。

水平線から満月が昇る光景を目のあたりにすることができるのは、東に海を擁する津市ならではの特典です。

私たちグリーンボランティアクラブ「阿漕浦友の会」は、津の海の環境整備、景観向上のために、阿漕浦海岸において花壇を造り、黒松・はまぼう・浜木綿などの植栽に取り組んできましたが、海から昇る中秋の満月の優雅さを広く市民の皆様に楽しんでいただきたく、「伊勢《いせ》の国《くに》、阿漕《あこぎ》が浦《うら》。迎月《げいげつ》の宴《うたげ》」を企画させていただきました。

この宴の趣意といたしましては、

①海から昇る中秋の名月、この優雅で雄大な自然を楽しめます。
②通常とは趣の異なる情景のなかで、すぐれた芸能を楽しませていただけます。
③津の海の価値を再認識することで、環境整備・景観向上のための一助にさせていただけます。
④家族・企業・商店・団体など広く市民の皆さんの、親睦・接待・憩いの場として活用していただけます。
⑤幽玄と雅びの心を「安濃津」の昔に尋ね、その栄えある郷土の歴史を、これからのまちづくりに誇りをもって生かせます。
⑥奈良・京都・名古屋など広く市外からも人が呼べる、津市の毎年のイベントへと育てていただける可能性があります。
などと考えております。
市民・行政・企業・商店・団体など津市の多くの皆様の協力の輪として、この試みを成功させていただきますよう願ってやみません。

平成八年八月　　　　グリーンボランティアクラブ「阿漕浦友の会」

はじめて観る海に昇る満月のなんとも言われぬ趣に、息を呑んだ人も多かっただろうと思います。暮れそむる伊勢の海の水平線から赤い満月が昇りはじめました。と、そのとき、満月を背に虚無僧が舞台に現われ、尺八を構えるや「恋慕」を奏ではじめたのです。これが記念すべき第一回「伊勢の国、阿漕が浦。迎月の宴」のオープニングでした。

「日に向ふ。国の浦舟漕ぎ出でて。国の浦舟漕ぎ出でて。八重の潮路を遥々と分けこし波の淡路潟。通う千鳥の声聞きて。旅の寝覚めを須磨の浦。関の戸ともに明け暮れて。阿漕が浦に着きにけり、阿漕が浦に着きにけり。……」と、能「阿漕」が舞われるころには、あたりはもうすっかり暗くなり、老漁夫の背越しに、満月が澄み渡っていました。

きらきら、きらきらと波間に月影が映えています。十基をこえる篝火からは、火の粉が舞い上がり、渚へと流れていきました。幻想的で優雅で、こんなきれいな光景は、これまでの人生で私自身も初めての経験でした。

舞台の四隅を飾る孟宗竹が高く天を突き、その真ん中に中秋の満月です。「イーヨー、ポン」「ヤ〜、トン」「ピ〜ユ〜」……大鼓や小鼓、笛の音も心にしみとおります。

「海士の刈る。藻に棲む虫のわれからと。……」舞台を退いていたシテが、阿漕の亡霊の姿に扮して再び登場です。背に長く垂れた黒髪と肩にしょった漁具が印象的です。亡霊が美しいのです。こういうところが作者世阿弥の大家たるところであり、演者である長田師の無形文化財保持者たるゆえんなのでしょう。いよいよ宴はたけなわです。地酒「初日」のワンカップをいただき、「黒松翁」の大吟醸酒で舌も滑ります。

ハイレベルの芸能披露は、能「阿漕」にとどまってはいません。能「阿漕」が幽玄の極致ならば、琴の演奏は雅びの世界です。宮城道雄直門の生田流・川邊幸子大師範一門「箏洞会」の琴の調べが、寄せて

世阿弥作「阿漕」（演者は長田驍氏）

は返す穏やかな波の音にのせて流れます。

その宵の空模様や風の様によっても雰囲気が変わる海の野外の舞台です。会場周辺に焚かれる篝火の炎や火の粉も趣の様相を変えます。こうした浜辺の舞台という通常とは趣の異なる情景のなかで、すぐれた芸能を楽しむ機会とすることができるのです。

阿漕の浜にふさわしい「千鳥の曲」が流れます。

しおの山　さしでの磯に　すむ千鳥　君が御代をば　八千代とぞなく

淡路島　かよふ千鳥の　なく声に　幾夜寝ざめぬ　須磨の関守り

琴を合奏しつつの和歌の合唱です。ソロの琴の音には、哀調を帯びた雅びやかさがありますが、こうした合奏には艶やかな雅びを感じます。

「青い月夜の浜辺には、親をさがして鳴く鳥が、波のくにから生まれでる。濡れた翼の銀の色……」

「浜千鳥」の素晴らしいソプラノが、風に乗って沖へ流れる頃には、満月も高く澄み、情景は、迎月のときを過ぎて観月のときへと移っていました。

他にも「仕舞」「詩舞」「剣舞」など、いずれ劣らぬ師範や名取の舞踊もあり、あっという間に「伊勢の

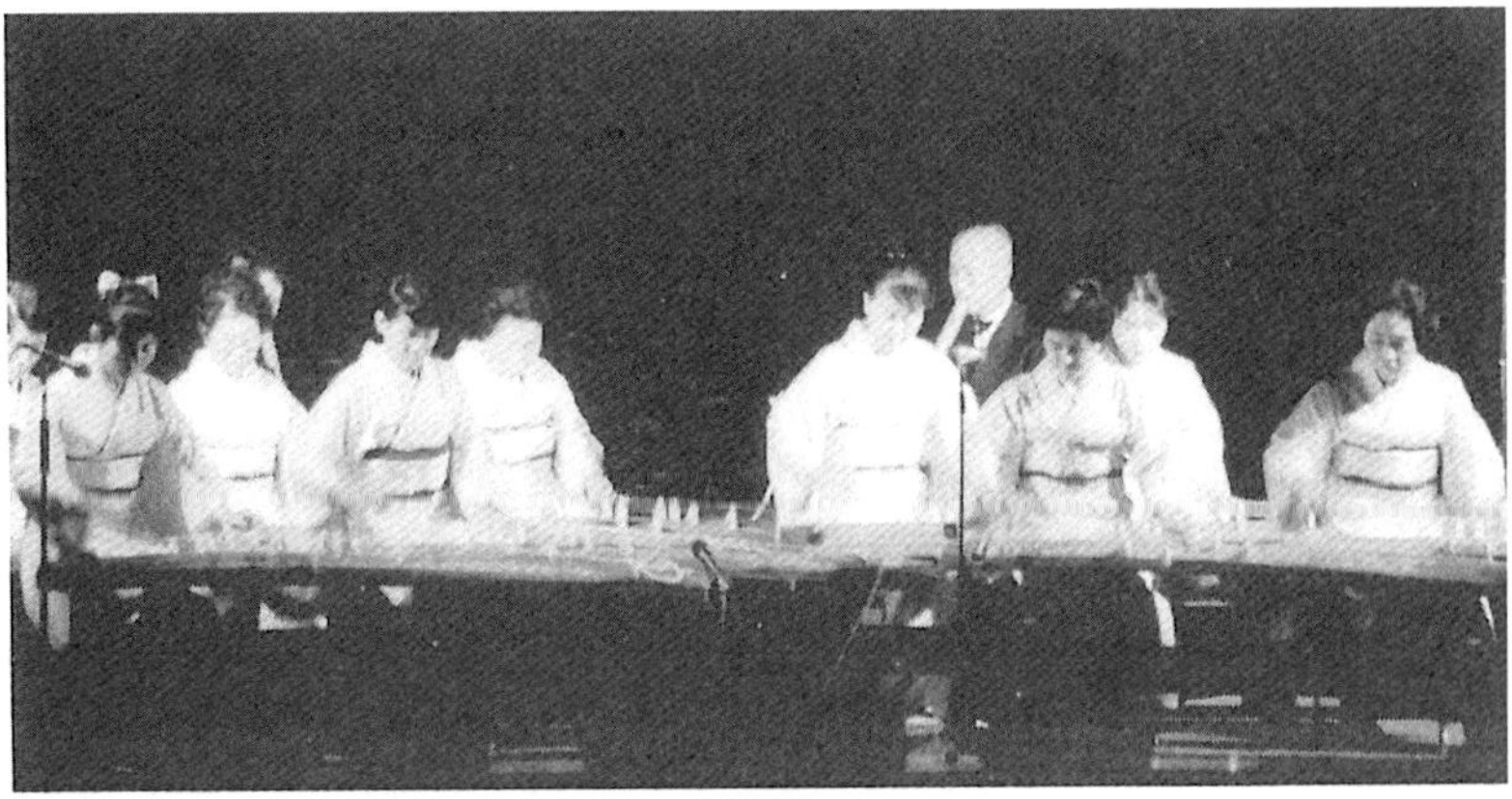

「迎月の宴」筝洞会の演奏

国、阿漕が浦。迎月の宴」の三時間が過ぎ去りました。幻のような時間でした。

人々が三々五々、阿漕が浦を去って行きます。灰暗い会場に人影がひとつ残っていました。「お父さん」はご機嫌なのです。ほほ笑みを讃えて最後の一杯をいただきました。「来年、またお会いしましょう」、家路に向かう「お父さん」の背中に、世話をしてくれたスタッフから声がかけられていました。

私たちＧＶＣには、できることならこの「伊勢の国、阿漕が浦。迎月の宴」を全国へと発信し、広く県外からも人が呼べる毎年のイベントに育てたいという願いもありました。その願いは、第一回目にしてＣＢＣ―ＴＢＳ系列のテレビが、かなえてくれたのです。「今夜は中秋の名月です。三重県津市の阿漕が浦海岸では、海から昇る中秋の満月を迎え、ボランティアの手による宴が催されています。……」短い時間でしたが、「伊勢の国、阿漕が浦。迎月の宴」は全国ネットで放映されたのです。

一歩間違えば無謀な冒険に終わりかねない試みでしたが、「伊勢の国、阿漕が浦。迎月の宴」は、多くの市民の皆さんの心にかなうところがあったのでしょう、「みなさん」からあたたかい御支持をいただき、こうして成功のうちに終わることができました。

「素晴らしかったネ。大成功！」

「ええことをしてくれた。こんなことを待っていたんだ。」

と終宴後にかけられた称賛と感謝の声に、改めて、「みなさん」の協賛があってこそ、と感じいった「伊勢の国、阿漕が浦。迎月の宴」の取り組みでした。

一抹の不安を抱えながらも、成功のために熱心に働いてくれた会員は言うまでもなく、ちょっとだけ協力しただけの会員も、お客さん気分で観に来ただけの会員も、それはそれでそれなりの役を果たして、見事に「伊勢の国、阿漕が浦。迎月の宴」を成功させることができたのです。そしてこのことは、私たちＧＶＣに、自らのボランティア活動をちょっと誇ってみたい気分にさせたのでした。

第3章　花と緑のボランティア・成功の秘訣

1　労働もお金も

労働だけでは足りない

グリーンボランティアは、無償で働き、その上にお金まで出す活動です。働いたらお金が入る仕組みに慣れている人には、最初のうち、このことが納得しかねるようです。ボランティアというのは、働いてもお金はもらえないということは承知していても、「ただ働きをした上にお金まで出す」という仕組みを予想していないのです。社会の普通の仕組みからすれば、こんな「理不尽」な話はありません。

通常の社会関係では、人は働くとお金が入るものですが、ボランティアの世界では働くとお金が出ていくのです。「お金をもらわずにボランティアをする」ということにとどまっているわけにはいかず、「お金を払ってボランティアをする」というのがボランティアの真実の姿なのです。

実際、ＧＶＣの活動を開始した初期には、「働いたうえに金まで出すのか」という疑問の声をしばしば伝聞しました。働いたらお金がもらえるのが普通ではないのか、それをお金をもらわずに働いているのだから、それだけで十分ではないのか、ということです。無報酬で労働を提供しているのに、なんでお金まで出さなければならないのか、ということです。こうした疑問は、当然のことのように思われます。

しかし、どんなボランティアにもお金はかかります。特にグリーンボランティアは、お金のかかるボランティアです。花を咲かせ緑を増やすボランティア活動では、樹木や花苗を買わなければなりません。肥料代もかかります。灌水用のホース代、杭代、ロープ代……。もちろん通信・印刷費などもかかります。活動が発展すれば、草刈り機、手押し一輪車などの機械や倉庫なども必要になります。ジュースやお茶が飲みたいときもあります。時には弁当があったほうがいいでしょう。

これらのいくらかは寄贈を受けたり、各家庭からの持ち寄りでまかなえなくはありません。ボランティア活動は工夫をこらして、極力費用が少なくてすむよう努めることが必要です。しかし、必要額の多寡はあるとしても、ボランティアを無一文でやりぬくことはできません。

たとえば会社は、営利を目的とする組織です。目的活動そのものからお金が入ります。国や地方自治体などの「官」は、財やサービスの提供を目的とする団体ですが、それに必要なお金を税金というかたちで取得できる仕組みになっています。

ところがボランティアは、「官」と同様、財やサービスの提供を目的とする活動でありながら、「官」の税金のような取得システムを保証されていません。他者に財やサービスを提供するために、自分たちでその財源を確保しなければならないのです。

たいていのボランティア団体は、その活動費用を捻出するために苦労をしています。ボランティア活動の苦労の大半は、財源をどう捻出するかというところにあると言っても過言ではないでしょう。そんなことでボランティアにとっては、財やサービスを提供する労働ばかりでなく、活動に必要なお金も供出するということが必要不可欠になっています。

財源の基本は会費です。会費の納入は、趣味の会や遊興の集りでは当然のことですが、それがボランティアとなると「無償で働いたうえに、お金まで出すのか」という疑問のハードルをクリアーしないと、会費の納入さえ定着しません。

私たちＧＶＣの場合は、月五百円（半年三千円単位で納入）の会費を供出しあって必要経費を支えてきました。

だれが「正会員」？

ボランティア活動では、できるかぎり多くの人に参加してほしい、という傾向が必然的に生じます。そしてまた、だれでもが参加する権利があります。グリーンボランティアの現場では、その活動の内容において会員と非会員の区別や差別はつきません。決まっている活動の日時に、その現場に来て、実際に木を植えたり花を植えたりする人のすべてが、立派なボランティアメンバーです。

そこから、決まっている活動の日時に、その現場に来て、実際に木を植えたり花を植えたりする人の全員が「会員」である、という考えが生じます。ボランティアの「精神原則」からすれば、それでいいで

海を眺めて弁当タイム

しょう。むしろそう考えるべきです。しかし、ボランティア活動を継続していくための組織を形成する立場からは、そうとばかりは言っておれません。会員が誰であるかわからない会は、組織として成り立ちません。日ごとに変わる日替わり会員では組織にはなりません。具体的な会員要件が必要になってきます。

　ではいったい、どんな要件を「会員」の要件とするのか、ここのところはＧＶＣでも大いに頭を悩ませたところです。私たちＧＶＣは、現場での協働活動に垣根を設けていません。どなたが参加されようと大歓迎です。現に、会費を納めることもなく継続的に参加される方もいましたし、ときどき参加される方もいました。また、しばしば「市民参加」を呼び掛けているので、不特定多数の市民が参加することもあります。これらの方々は、現場では皆、立派なボランティアです。

ところが現場で実際に働く者すべてを「会員」として認定すると、一度でもＧＶＣの活動に参加すると「会員」ですから、そんな「会員」がどんどんふくれあがっていきます。「会員」にはまんべんなく会の活動予定や結果を報らせなければなりません。そうすると今度は、毎月の会報の印刷数や郵送代が際限なくふくれあがっていきます。

組織の立場からは、会費を納入してくれない「会員」が増えることを恐れざるをえません。事務仕事や費用がかさんで、あげくは財政破綻による解散になりかねません。

活動参加の回数を実績として「会員」の認定基準をとることもできなくはありません。しかしそれでは、活動は継続しているのですから、いったい何回出ると「会員」で、何回休むと非会員になるのか、今度はそうしたことが問題になってきます。

またいっぽうで、「趣意に賛成なので協力したいが、高齢で体力に自信がない」「労働は無理だが、お金で協力したい」という声もありました。こういう方を「賛助会員」と位置付けることも考えてみました。しかし、「労働は無理だが、お金で協力したい」という方でも、稀には行動日に出て来ることもあるかもしれません。「労働もお金も」と希望しておられる方でも、実際にはほとんど行動参加できない場合もあると思われます。それで、「会員」「賛助会員」という二種類の「会員」制をとる実効もないと思われたのです。

こうしてあれこれ思案し活動の経過を見守った結果、結局、活動参加に基準をおかずに、会費の納入をもって「会員」「非会員」を区別しようということに落ち着いたのです。最後は一般の会や組織と同様、

「会費の納入をもって会員とする」という至極当たり前の結論になったのでした。

そして、この「会費の納入をもって会員とする」という会則を補完しているのが、「毎月『通信』を発行する」ことと「会員は、行動日に参加しない自由を保障されます」という二条の規定です。

前の規定によって、欠席会員や「労働は無理だが、お金で協力したい」という無活動会員が、毎月の会報を見ることで、会費がどのような活動に使われているかがわかります。後の規定があるのは、真面目で几帳面な欠席会員や無活動会員が、活動参加を「義務」（負担）と感じることのないようにとの配慮から出たものです。

このように私たちＧＶＣが、「会員」を制度化するにも慎重であったのは、グリーンボランティアは、単なる趣味や粋狂では継続しにくく、けっこうお金のかかる肉体労働だからというところにあります。

ボランティアと報酬

阪神大震災のとき支援に駆け付けたボランティアに対して、「公金から交通費を支給したらどうか」「弁当代程度は支払おう」という意見が出ていることが報道されていました。この話はその後どうなったのか確認していませんが、ボランティアに対して対価を支払おう（あるいは対価をいただこう）という考えは、ボランティア活動の周辺でいつもくすぶっている問題です。障害者の一部からは、「対価を支払ってでもボランティアの援助がほしい」という声もあがっています。

「ボランティア」ということを正面から掲げるなら、おそらくそれは無償活動が原則なのでしょう。しかし一般にＮＰＯ（非営利団体）の活動では、無償を要件としてはいませんし、組織が収益をあげることを否定していません。

「奉仕」というのは、商売の用語上では「値引き」を意味します。ですから最近では「値引き」のことを「奉仕」と言わず「ボランティア」と言っているケースを見聞します。「ボランティア価格云々……」というわけです。

「ボランティアに報酬を」という場合にも、商売用語と同様にボランティアの対価は安くていいという前提があるように思われます。将来ボランティアがいっそう活発になり、それらに安い報酬が支払われるということになると、単なる低賃金労働が増えたことと変わらなくなってしまうのではないかと懸念されます。仮に「有償ボランティア」を是認するとしても、日本社会に再び低賃金構造を誘引することのないよう、推進には慎重でなければならないように思います。

ただ一方で、まったく同等の働きをしているのに、あるいは同等以上の働きをしているのに、片方が有給で片方が無給ということがあります。たとえばＧＶＣではしばしば海岸の草苅りや清掃をします。ＧＶＣがきれいに草刈りをした後で、すぐ行政の委託を受けた有給の業者がその場所を刈って？　いることがあります。ＧＶＣがしばしば清掃している浜辺を、行政が高額で委託した業者が清掃していることがあります。こんなケースを繰り返し目のあたりにしていると、ボランティアが気の毒で、ボランティアにこそそういう費用を振り向けるべきだと思わずにはいられません。

先に刈ったボランティアは労働がきついうえに無給です。ところがすでに刈られた後に入る業者は仕事が楽なうえに有給です。業者への費用は公金から支払われます。同じ公金を使うのならば、日頃からボランティア活動をしている人たちに、その草刈り仕事を発注することができるはずです。そんな時には、安い報酬ではなく世間通常の仕事の対価を「ボランティア団体」に支払っていただくこともできると思われます。

ＮＰＯ先進国のアメリカでは、雇用の一〇パーセント近くがＮＰＯの関係者になっているとも聞いています。大きな組織や活発なＮＰＯでは、中心的なスタッフに多大な仕事量が担われており日常的に仕事もあります。こうした場合、組織のメンバーの何人かが有給であってもよいわけです。日本のＮＰＯにおいても、そろそろ有給スタッフへの展望を切り開いて行かなければならない時期に来ているように思いますが、「ＮＰＯ」と「ボランティア」の関係をどう考えるのか、安い報酬でよいのか、通常報酬なのか、等々、きわめて難しい課題があるように思われます。

一方、ボランティアを経済的に支援しようという側、たとえば行政や企業や心ある個人の側がするボランティア支援で、いちばん喜ばれるのは団体への寄贈です。寄贈はお金でも現物でもいいのです。（ただ現物寄付の場合は、ボランティア側の意向を尊重しなければなりません。寄贈者がいらない物は、たいていの場合、ボランティアの側もいらないのです。）

お金の寄付は使途を決めておくこともできますが、ボランティアの側からすれば紐のつかない寄付がありがたいのは言うまでもありません。細部まで紐がつけば、無駄が出たり、ボランティアの側の負担が増します。万一、当該ボランティア組織が信頼できないというのなら、そもそもの始めから寄付や助成などしないほうがよいのです。やたら条件をつけたり見返りを期待するのであれば、それこそその経済的支援それ自体がボランティア精神に反することになるのですから……。

2　組織の技能の向上を

活動の場の魅力を引き出す

グリーンボランティアにはロマンがほしい、と前に述べましたが、活動の場にどのような未来予想図を描くかによって、活動の具体的な内容が決まってきます。私は、阿漕が浦でのグリーンボランティアを呼び掛けるのと合前後して、各地の海岸を見聞してまわりました。私たちＧＶＣの活動の場である阿漕が浦の秘めた魅力を探るためです。

始めに出向いたのが「伊勢志摩国立公園」内の「合歓《ねむ》の里」です。このリゾート地にはハマボウがあると聞いたからです。ハマボウは海辺の池畔に植えられていました。次にハマボウの自生地である三重県度会郡南勢町内瀬の伊勢路川河口を訪ねました。ここでは海水と淡水が混ざる汽水域にハマボウの群落があります。満潮時には幹が水中に没しています。それはまるで湿性植物の風情でした。

ハマボウとは、暖地の海辺に生える高さ一～二メートルのアオイ科の落葉低木で、七～八月頃、枝の先に品のいい可憐な黄色の花をつけます。阿漕が浦にもかつてはハマボウがあったという風説がありま す。そんなこともあって「ハマボウの浜・阿漕が浦」の可能性を探ってみたのでした。

愛知県渥美半島、伊良湖岬の「恋路が浜」へ行ってみました。「恋路が浜」とは、うらやましい限りのロマンチックな名前です。島崎藤村が「椰子の実」の詩を着想した浜と伝えられています。太平洋の荒波が直接打ち寄せる恋路が浜に、私は「男浜」を感じました。それに比べると伊勢湾内に位置する阿漕が浦はたおやかで波静かな「女浜」です。

鳥取の砂丘に行ってみました。もちろん砂丘自体は見ごたえのある観望です。しかし、砂丘だけ、の感じがします。周辺は、松とニセアカシアの混在林です。私は、海浜にニセアカシアが茂っていることに意外性を感じました。海浜道路沿いにはハマナスも植えられていましたが、まだ十分には育っていないように見受けました。

浜松の砂丘にも行ってみました。ゴールデンウイークには「凧あげ祭り」が催されます。黒い装束に身を引き締め、「ラッセ、ラッセ」と声を掛け合いながら勇壮に大凧揚げを競います。広い砂丘を活かした見事なイベントです。が、残念ながらＧＶＣが手本にできそうな海浜公園は造られていません。

私は、日本を代表するようなふたつの砂丘を訪ねてみて、砂浜が広いということが必ずしも海岸の魅力にはならないということを感じました。茫洋たる砂浜は寂し過ぎます。なんだか物騒でもあります。最寄りの道路から渚に行くにもひと苦労です。

そんなわけで阿漕が浦の砂浜（堤防から渚まで約七十メートル）は、人々が海に親しむには広くもなく狭くもなく、程よい広さだと感じたのです。

京都府の「天の橋立」や静岡県の「美保の松原」へも行ってみました。今も「白砂青松」で有名なこの両地で、「白砂青松」の景観美を再確認するためです。（もっとも「美保の松原」は黒ずんだ富士砂の影響でもともと「白砂」とは言えません。）

ところがこれらの「白砂青松」地には、それなりに立派な松林はあるのですが、どこか何かが足りません。どうやら「白砂青松」は、現実の風景よりも、「白砂青松」という四字熟語がかもしだす心象風景の方が勝っているようです。現実の「白砂青松」には、「もっと彩りがほしい」「もっと魅力がほしい」と感ぜざるを得ませんでした。

日本一有名な湘南海岸へも出向いてみました。しばしばテレビ画面に映し出される湘南海岸は、緑の江ノ島を背景にとって、いかにも素晴らしい海岸のようにみえます。地方の者にとって、湘南海岸は憧れの都会の海岸です。

湘南海岸は、逗子、鎌倉、稲村が崎、藤沢、大磯……と続き、それぞれそこにはいろんな海の顔があります。しかし、どの場面を切り取ってみても阿漕が浦の自然環境に勝る場面がありません。もちろん水族館もあればレストランも休憩所もあります。海岸道路も完備しており駐車場もそれなりに配備されています。そうした便利さや遊び場の豊富さは、阿漕が浦はとても及びません。

しかし、湘南にはかんじんの海がないのです。海らしい海がありません。人々が集っているのは、たいていはコンクリートの堤防上です。たまに緑地があっても、半分枯れかけの植樹帯や禿げちょろけの芝生です。そんなところで娘たちがビキニ姿で寝転び、家族連れが弁当を広げています。長く続く湘南海岸ですから、所々には松林帯があります。ところがびっしりと植え込まれた欝蒼たる「青松」になっていて、寄り付く人影もまばらです。そこしか知らない人たちにとって、そこはそれでけっこう楽しい空間なのでしょうが、私には湘南海岸は、痩せた貧しい海岸のように思えました。

湘南海岸

現在の阿漕が浦

それに引き替え阿漕が浦では、もっとずっとやさしい海の香りがします。で、私は正直「阿漕が浦は湘南海岸に勝っている」と実感したのです。湘南海岸が有名なのは、海がよいからではなく、大都会に近いからなのです。「緑の江ノ島に白いヨット」のテレビ映像は、カメラマンの撮影技術のなせる業だったのです。

植物の知識・造園の技術

議論好きの市民団体などでは、机上で議論ばかりを繰り返し、とどのつまりが何も実行しない前に分裂という例もあるようです。阿漕が浦の未来予想図をどう描くか、活動の初めでは多くの意見がＧＶＣメンバーから出されました。

ＧＶＣのようなまず行動ありき・・・の基本姿勢で、やれるところから活動を進めると、そのうちにだんだんと方向性が定まっていきます。海岸という特殊環境のなかで、所詮育たない樹種は育たないし、たとえ育ったとしても阿漕が浦に似付かわしくない樹種はどうも、ということになります。阿漕が浦はハワイではありません。椰子の浜辺ではまずいのです。阿漕が浦は京都ではありません。真水もなく空中湿度も低い海浜に、京風の禅庭は無理なのです。海浜には海浜の自然・風土に馴染んだ風情がいちばんです。そうでないと阿漕が浦のよさが引き出せません。そんなことでごく素直に「白砂青松」を海浜花木や海浜草本で彩る「海浜公園」をめざす流れに落ち着いていったのです。

面積は狭い日本列島ですが、南北の緯度差や海山の高低差はけっこうあります。グリーンボランティアでは、活動の場の風土にあった基本樹を考慮に入れて活動したいものです。変わっている樹木やめずらしい樹木に風情があるとは限りません。むしろ変わっていたりめずらしいものは、好ましくない場合が多いのです。そして好きな木が育つとも限りません。そんな意味で、樹木や花苗、植物一般についての知識があれば、それだけ花と緑のボランティアが円滑にすすむことになります。

私たちＧＶＣは、マツの植樹後にハマユウを植栽しました。ハマユウは、南日本の沿岸に自生している植物です。「伊勢志摩国立公園」を代表する花でもあります。志摩町和具の沖合には、ハマユウの大群生地・大島があります。そんなハマユウを阿漕が浦に咲かせようということです。

現在阿漕が浦には千三百株のハマユウが育っています。その半数はすでに開花株にまで成長しました。阿漕が浦がハマユウの大群生地になることに、私たちＧＶＣは期待を寄せているのです。

ハマナスの名はよく知られています。ハマナスの自生は、太平洋岸では茨城県、日本海側では島根県が南限だそうです。つまり、自生のハマナスは暑さが苦手なのです。どちらかと言えば暖地の海岸にあたる阿漕が浦は、必ずしもハマナスの適地ではありません。夏の高温が好ましくないのです。

しかし私たちＧＶＣは、ハマナスをあえて阿漕が浦に植栽したのです。それはハマナスが海岸の種であることに最大の理由があります。海浜には適しているからです。そして自然生えではない現在の改良品種なら、阿漕が浦の夏に耐え育ってくれると確信したからです。ＧＶＣは、現在、五百本のハマナスを咲かせています。

阿漕が浦のハマナス

大木に成長するであろうクロマツと、背丈の低いハマユウやハマナスの間を取り持つのがハマボウです。ハマボウの気品ある花や円満な丸葉は、なんともいえない魅力です。ハマボウという音の響きも、どことなく親しみを感じます。「ハマボウの浜・阿漕が浦」を売り出したい願いもあります。ＧＶＣは、ハマボウ百五十本の世話をしています。

淡い紫の花が印象的なハマゴウと、秋に咲く花もほしいということでイソギクも植栽しました。最近ではハマボウフウ・ハマヒルガオ・ハマエンドウ・ハマニガナ・ハマダイコン・オカヒジキなどの自生海浜植物の保護・増殖に力をいれています。

こうして私たちＧＶＣが行動日を重ねるごとに、荒れて殺伐としていた阿漕が浦が「阿漕が浦海浜公園」へと変わっていきます。

「それは何ちゅう木？」

「それは何ちゅう花？」

「ハマ……、ハマ……、ハマなんとか、ハマなんとかばっかりで、ややこしてかなわん。」などと言い合って作業をしているうちに、メンバー全体の植物に対する知識や造園技術も確実に向上していきます。

後で詳しく述べることですが、自生していなかった植物を持ち込むことに疑問を投げ掛ける声もあります。しかし、グローバルな自然の種の変遷、庭園や公園を造ってきた人間の歴史、さらに人間の真・善・美の精神構造などに想いをめぐらしてみた結論として、私は、近年来阿漕が浦に自生していなかった植物、たとえばハマユウ、ハマナス、イソギクなどであっても植栽することを肯定しています。

こうした「何をどのように植えるか」、あるいは「何をどのくらい除去するか」という問題は、直接的には造園の技術の問題ですが、根底には植物と人間に対する思想の問題があるように思います。

軽口も仕事の活力

自然を保全したり植樹や花を育てるボランティアの活動は、屋外の自然を相手の肉体労働であることは繰り返し述べてきました。そこでは造園や園芸や農業などの知恵や経験がおおいに役立ちます。したがって庭師や植木屋や農業経験者、盆栽や山草の趣味人、自宅の庭を花で埋めているような花好きなどは、グリーンボランティアのあてにできる技能者です。

しかし、身近な道路際に花を植えるような簡単なボランティアや、主たる活動の補助作業ならだれに

夕暮れの浜でパーティー

でもできます。何事でもそうですが、始めのうちはだれでもわからないことが多く、できないことが多いものです。それはそれでいいわけです。苗を運んだり、抜かれた草を片付けたり……、補助作業員がいなければ主たる作業もはかどりません。一回、二回と回を重ねて活動するうちに経験も積み、始めは補助作業しかできなかった人でも、一人前の技能者になっていくようになります。

グリーンボランティアでも、けっこう事務仕事があることを前に述べました。名簿や会計の整理も必要なのです。そんなときグリーンボランティアとは一見何の関わりもないような簿記の能力が活きるのです。名札や看板を書くときには、字が上手だということが貴重な能力になります。「伊勢の国、阿漕が浦。迎月の宴」のようなイベントをすることになると、放送機器を扱う技能が役立ちます。

そんななかで案外見落としがちなのが、冗談を言いまくり周りを常に明るくしている人の役割です。たとえ力仕事が弱くても、こうした「芸人さん」の存在も、組織に活力を吹き込む貴重な戦力です。

また昔から「獅子は頭より舞う」と言われています。獅子舞いは、獅子頭から舞い始めるところから、リーダーがまず率先垂範、先頭に立って活動することの意です。

報酬も契約もないボランティア組織は、指揮命令に馴染みません。もちろん「会長」なり「副会長」なりの役職がなければ組織は機能しません。しかし、ボランティア組織の役職は、上下関係ではなく横の役割分担です。そうだからこそ、リーダーは「獅子は頭より舞う」ことを実践する必要があります。

私たちＧＶＣは、市議や県議の何人かが会員になっています。議員さんもスコップを握り土にまみれて実際にボランティアを実践します。結局、こうした真面目なリーダーの存在が、全体の活動を楽しく活気あるものにしているように思えます。

「ボランティア」というと、日本ではまだイメージが定まらず、結局は稚拙な素人集団のように受け取られがちですが、「ボランティア」であっても、プロもいればセミプロもいるのが現実です。「ボランティア」であっても、本業者と変わらない力が発揮されている場合は多いのです。

その点で高齢者には、これまでの人生で培ってきた能力があります。たとえ現役を引退していても、「昔とった杵柄」を忘れてはいません。単純に体力があるだけでは、案外仕事はできないものです。仕事には知識と技能が必要だからです。そんな意味からも、ボランティア活動で長老は尊重されるべき存在です。

私たちＧＶＣの活動が飛躍的に発展したのは、長老や多様で優秀なメンバーに恵まれていたからです。

グリーンボランティアを成功に導いていくには、こうした多様なメンバーの持味を適材適所で十分に発揮していただけるように配慮することが大切です。

３　植えるに勝る管理あり

水を確保する

たいていのグリーンボランティアは、活動の場の清掃・除草から始めることでしょう。清掃・除草がすめば、そこへ花壇を造ったり樹木を植えることになります。ゴミだらけの雑草地を、色とりどりの花や緑の木々に変えるのは実に楽しいことです。そこには、最近の仕事から影をひそめた「物を作る喜び」があります。

ただ、花や樹木は生き物です。植えっぱなしでは、枯れてしまいます。水が必要です。とりわけ植栽後しばらくの間は、水が絶対不可欠です。グリーンボランティアで実際の成果をあげるためには、花や樹木を植える以前に、植栽後の水管理について思いをめぐらしておく必要があります。

グリーンボランティアの予定地に灌水の条件が整っていない場合には、どこか直近の既設の水道からホースで水を引き込むか、それとも思い切って新たな水道を設置するか、近くに川や池といった淡水源があればそこから動力ポンプで導水するか、あるいはまた灌水をしないでよい植樹法を採るか、いっそのことボランティアをあきらめるか、いずれかを選択しなければなりません。水の問題を無視してグリーンボランティアはできません。

私たちＧＶＣの場合は、比較的順調に水を確保することができました。かつて阿漕が浦が海水浴で賑わっていたころに設置された古い水道管が、再使用できたのです。この貴重な水道管を、津市が散水可能なように改良工事をしてくれたのです。（その後、残り半分の延長工事は、私たちＧＶＣがしました。）

ＧＶＣの例は随分と恵まれていた例ですが、グリーンボランティアの活動の場が公共施設や公共空地なら、たいていはどこかに水道がひかれているはずです。事前に水道の有無を調査し、水道があれば植樹後の灌水に使用したい旨担当行政に申し入れればよいでしょう。担当者が多少難しい顔をしても、まさか「水道代を払え」などとは言わないでしょう。

いろいろな用途に応じた水道備品がホームセンターで販売されているので、それらの組合せを工夫すれば、ひとつの水道蛇口からでも半径二百メートルの範囲までで灌水が可能です。また、水道施設がなくても、活動の場が川沿いや池畔などで淡水源が近くにあれば、吸水ポンプを使って吸水し、それを灌水に利用することも可能です。

いずれの方法を取るにしても、地域の実情にあった方法を粘り強く探り、工夫をこらせば案外道は開けるはずです。

それでもなお水源が確保できない場合は、人工灌水をしないでも活着する方法で植樹をすることをお薦めします。

人工灌水をしない植栽方法のひとつは、タイの緑化活動に取り組まれておられる梅林正直三重大学名誉教授が開発された方法です。梅林先生は、紙おむつや女性の生理用品に使われている高吸水性ポリマーの抜群の吸水・保水能力に注目して、水のいらない植栽法の普及に努められています。この高吸水性ポリマーを、植える植物苗の根元に配合しておくと、ポリマーが地中の上昇水分やたまに降る雨水を吸収して保水しているので、植物苗はポリマーのその水分に依拠して活着することができるということです。

高吸水性ポリマーは、自重の五百〜千倍の水を吸収して膨張し、圧力をかけても保水量はあまり変わらないそうです。砂十リットルに対してでんぷん系ポリマーを三十二グラム混ぜ、それを二年生のクロマツの根の周りに置いて、その後いっさい人工灌水しないまま放置した実験では、七十五パーセントが活着したというデータもあるそうです。

一日六時間もかかった水やり

実際、津市の町屋海岸や中河原海岸に、この方法で植樹したクロマツが、すでに五メートルをこえる松林に育っています。この方法で二年生のクロマツ千本を植樹するのに必要な保水剤（ポリマー）は約三十キログラム、肥料は約百五十キログラムで、費用はあわせて十万円程度のようです。

魔法のようなこの植樹法にも弱点はあります。植樹後に灌水管理をする通常の植樹法に比べて、活着率が劣ります。また成木や草本など多様な植物種に応用できかねます。しかしこうした弱点があったとしても、水が確保できない現場には、画期的な植栽方法であることに変わりはありません。

「始め終わりこそをかしけれ」

花壇を造ったり植樹をする活動は、グリーンボランティアの目立つ活動で、グリーンボランティアの醍醐味の中心です。しかし目立たない地道な活動がなければ、このボランティアを成功へと導くことはできません。

目立つ活動の前後には、目立たない活動があります。当然、花壇を造ったり植樹をする前には、そのための準備活動が必要です。準備活動の善し悪しが、メインの目立つ活動の成否を左右します。行動予定日の短い時間の間で、メンバーの皆が充実感を得られ活動の効率もあがるようにするには、女性向きの作業、男性向きの作業、Ａグループの作業、Ｂグループの作業……というふうに、人や作業種を分けて準備しなければなりません。

広く市民参加を呼び掛ける場合には、なんの技能も経験もない子供や親子連れのためにも工夫して準備をしますし、行政や他の団体と共催になるときには、できるかぎり共催団体の希望がかなえられるように心がけます。

「迎月の宴」舞台づくり

準備作業は、活動の状況を事前に予測してするのですから、メインの目立つ活動よりも高度な活動になります。おのずと準備作業は知識や技能の高い人に頼らざるを得なくなります。準備作業は、ボランティアのためのボランティアという二重のボランティア活動になっているのです。

花壇を造ったり植樹をする活動が終わったあとの活動も、忍耐のいる地味な活動です。その作業のひとつが、前述の灌水です。植木への灌水は、涼を呼ぶだけの打水とはわけが違います。土の表面を湿らせるだけでは何の効果もありません。私たちＧＶＣでは、夏場の灌水に六時間もかかったことがあります。しかもそれを週に二〜三日実行したのです。班を分けたり、時間の合間を見つけて駆けつけたり、それぞれのメンバーが粘りと努力を重ねて、グリーンボランティアを成功に導いてきたのです。

短時間の活動で目に見える成果を感じられる植

栽活動に比べて、日常の管理活動はこれといって具体的な成果を感じにくい地道な活動です。「継続は力なり」と言われます。植栽よりも何倍もしんどいこうした管理活動を、飽きないで継続させる力のひとつが、世間から受ける評価です。

「きれいになったネ、ごくろう様。」

「いつもごくろうさまです。」

と掛けられる声。こうした世間の評価があって初めて、しんどい気持ちも癒されることが多いのです。また「仲間誉め」というのも大切です。ボランティアの仲間同士が、お互いの活動を誉め合い評価し合うことです。ボランティアの原点は、いつでも「しないよりまし」です。仮に多少の欠点があったとしても、目くじらをたてる必要はさらさらありません。「他人のため」になることを、見返りもなくやっているボランティアは、だれもが立派なのです。つねづね仲間同士で、

「ごくろう様。よかったですネ。」

「ありがとう。」

と声を掛け合うことが大切です。

そしていちばん肝心なのが、飽きないでする〝心の構え〟です。私は「始め終わりこそをかしけれ」と肝に念じています。そのヒントになったのが「徒然草」百三十七段の一節です。

「桜の花は、真っ盛りの満開のときだけ、また、月はかげりなく輝いているときにだけ、見所があ

るのでしょうか。降っている雨にむかって見えない月を恋しく思ったり、簾を垂れて部屋のなかにいながら、春の過ぎ行くようすを知らないままでいるのも、やっぱり、しみじみとした情趣がありますいまにも咲きそうな桜の花の梢や、桜の花が散ってしまった庭の様子などに、見所が多いものです。……すべての事も、その始めと終りが特に興趣のあるものです。……祭りのような行事にあっても、その準備のときとか、終って片付けるときが、しみじみと感じ深いものなのです。準備や片付けを見てこそ、祭りを見たと言えるのです。」（現代語訳は筆者）

定例行動日や市民参加の活動状況を事前に予測・想定し、それに応じて計画し、準備をすすめるのは楽しみなことです。中心的な活動が終わり、その余韻が漂うなかで成果を点検しながら後片付けをするのも楽しいことです。メインの目立つ活動にのみ捉われて、準備や片付けや管理を余分なこと、邪魔なことと考えると、たちどころにグリーンボランティアは挫折してしまいます。

執着しない

また、活動の成果に執着しないことも大切です。植えられた樹木や花苗は、ボランティアが自らお金を出し合って購入したものです。それらを汗を流して植えたのも、ボランティアです。で、ついつい植えた樹木や花苗を自分たちのもの・・・・と思うようになり執着心を持ちます。

このハマユウはだれのもの？

ところがグリーンボランティアの原点に立ち戻れば、樹木や花苗を自分たちのお金で買ったとしても、それはいわば「他人のために」そうしたのです。

グリーンボランティアで提供した物は、もはやボランティアのものではありません。いわばそれらはもうみんなのもので、誰かが折ったりしても、誰かが持っていくことがあっても、腹を立ててはいけません。

みんなのものをわざと折ったり、盗んでいったりする人は、たしかに「不心得者」なのでしょう。が、そうしたことに腹を立てているということは、その「不心得者」とほとんど同列です。樹木や花苗は折れてもまた芽吹くことも多いですし、なくなればまた植えればいいのです。

折った者も、盗んだ者も、広くは「みん

な」のひとりです。「汝。敵を愛し、迫害する人のために祈れ」とキリストは教えています。仏陀も物への執着を戒めました。「利己」に執着する心に、ボランティアは成り立ちません。

また、民法二四二条に、不動産の附合という規定があります。そこには「不動産の所有者は其不動産の従として之に附合したる物の所有権を取得す。但権限に因りて其物を附属せしめたる他人の権利を妨げず」（原文はカタカナ）とあります。

この規定に従えば、樹木や花苗を公共地に植えた場合、植えた樹木や花苗は公共地の所有者の所有になると考えられます。

お金を出したのも自分たち、苦労して植えたのも自分たち、水をやったり肥料を施したのも自分たちであるのに、ボランティアの側に所有権がなく、何もしていない国や自治体に所有権があるということは随分と理不尽のように思われるかもしれません。しかし、それでいいのです。民法二四二条があるからというよりは、ここでもやっぱりそれがボランティアの本質だからです。

そんなわけで、グリーンボランティアの活動は、一面では「みんな」や国や自治体に樹木や花を「寄贈」する活動でもあります。そして寄贈された樹木や花は、土地所有者や管理行政上の必要から移植や撤去があったとしても、それは当然のことと心得ておくべきでしょう。

4　財政は柔軟に

社会の協賛あってこそ

本質的に取得システムをもたないＮＰＯ・ボランティアが、その本来の目的とする活動のための財源を、うまく「取得」していかなければならないところに、ＮＰＯ・ボランティアの活動の難しさがあることは先にもふれました。

グリーンボランティアはひとつの事業活動ですが、花壇を造ったり植樹をしたり、里山を保全したり……と、提供することを主たる目的とする事業活動です。ことの本質からしてグリーンボランティアで利得を得ることは、山中に海の幸を求めるほどに難しいことなのです。実際、利得を得るどころか、損をするのが当たり前で、「ボランティアとは、損をすることと見立てたり」と心得なければ、ボランティア活動の継続は難しいように思われます。

ただ今日、時代の追い風というのがあります。

たとえば江戸時代の経済危機は、まさに米一粒ない生命の危機にかかわる経済危機でした。「天保の大飢饉」では、七人に一人が死亡したという記録もあります。その数値を今日の人口で比率換算すれば千六百万人に相当します。およそ十県分の人口が死滅したことになります。

昨今の日本も経済状態がかんばしくありません。しかし今日の経済不況は、生命の危機をひき起こすほどの経済危機ではありません。生産が上がり物ができすぎ、労働の値打ちも上がって生じた経済不況です。簡単に言えば、今日の経済不況は営利の危機なのです。今日の経済不況下でも衣食住を充たす物自体は過剰です。全消費支出に占める食料費の割合も二十四パーセントで、サービスに支出する割合は四十％近くになっています。日本の今日の時代は、衣食は足りている人が多いのです。

「衣食足って礼節を知る」。まさに世間には「礼節」をわきまえている人が増えています。特に現役を退かれて、「さて？」と人生に思いをめぐらせておられる高齢者のなかには、社会になんらかの貢献をしたいと願っておられる方が少なくありません。ここにＮＰＯ・ボランティアに対する時代の頼もしい追い風があります。

ボランティア組織の側は、こうした心ある世間の人々が気軽に参画できるように、常に門戸を開いていなければなりません。「ボランティアをしたいが何処で何をしたらよいかわからない」「行動はできないが協力はしたい……」といった時代（世間）の善意を受け入れられるように活動すべきです。寄付を募るにしても、さもしい心で卑しく募る必要はありません。日の目をみない世間の善意の受皿として、堂々と寄付を募るべきです。

グリーンボランティアは、活動の目的においても、活動の内容においても、活動のスタイルにおいても、常に社会の協賛が得られるよう心がけなければなりません。

いろいろな方策

ボランティア活動が、財政で行き詰まらないようにするには、常に財政状況と相談し、組織活動を柔軟に運営することが大切です。目標を立てるのは大切ですが、目標に執着してはいけません。ボランティアは、「やりたいことをする」「やらねばならないからする」のではなく、「できるからする」「やれることをする」のでなければなりません。財政が許さなければ、許される範囲で実行します。できることをやれる範囲で実践することが、財政破綻を招かないための原則です。

そうは言っても、財政が安定・拡大すれば活動を順調に伸ばすことができます。財政を安定・拡大させ、できれば豊富にしたいと望むのは必然です。

グリーンボランティアの財源を捻出するためには、いくつかの方策が考えられます。

まずは自主財源です。自主財源の要は会費です。会費をめぐる考え方はすでに述べました。

自主財源のために「物品を販売し利益をあげて」ということがあります。しかし、こうした物売りは苦労の割には収益が薄いものです。そのうえ素人の物売りは、結局知人への義理売りになって迷惑をかけたり、後でお礼やら義理返しをすることになって支出もかさみます。それならいっそ始めから、いくらかの寄付を出し合っていた方が、かえって経済効果があがったりするものです。

「イベントをやって収益を」というのも、物売りと五十歩百歩でしょう。

グリーンボランティアの財源は、会費のほかは、社会の寄付に頼るのが一番です。寄付を受ける（寄付を募る）ということは、ボランティア側の「もの乞い」ですが、前述したように心ある人々の、その志や善意の受皿を用意することでもあります。そしてつねづね社会に開かれ、社会と共にあるためのひとつの表現です。

寄付には三つの態様があります。金銭寄付と遺贈と現物寄付です。

そして金銭寄付にもふたつのケースがあります。

ひとつは、寄付を提供する側が、寄付金を活用するボランティア組織を募っているケースです。各種の「ボランティア支援基金」がそれです。日本はまだ、ＮＰＯ・ボランティアのための基盤整備が遅れているとはいうものの、民間の「ボランティア支援基金」はけっこうあります。ただ福祉ボランティア支援がまだ多く、グリーンボランティアへの支援はこれからといったところです。

ボランティアの側は、こうした「ボランティア支援基金」に積極的に応募すべきです。それぞれに「必要要件」はあります。もちろん、中途半端な活動目的や組織では、なかなか支援金はいただけないでしょう。ただ実績がなければならないというわけではないようです。資金がないために実績があがらないボランティア活動を支援するのが、「ボランティア支援基金」の目的だからです。

こうしたことの詳細は、「民間助成金ガイド・助成団体要覧」（編集発行は、（財）助成財団資料センター、発売は第一法規出版）という本に載っています。約六百五十財団が八百五十ページにわたって紹介されています。私たちＧＶＣは、「日本財団」に応募し、助成をいただいた実績があります。

もうひとつの金銭寄付のケースは、寄付を受ける側、つまりボランティアの側から寄付を募るケース

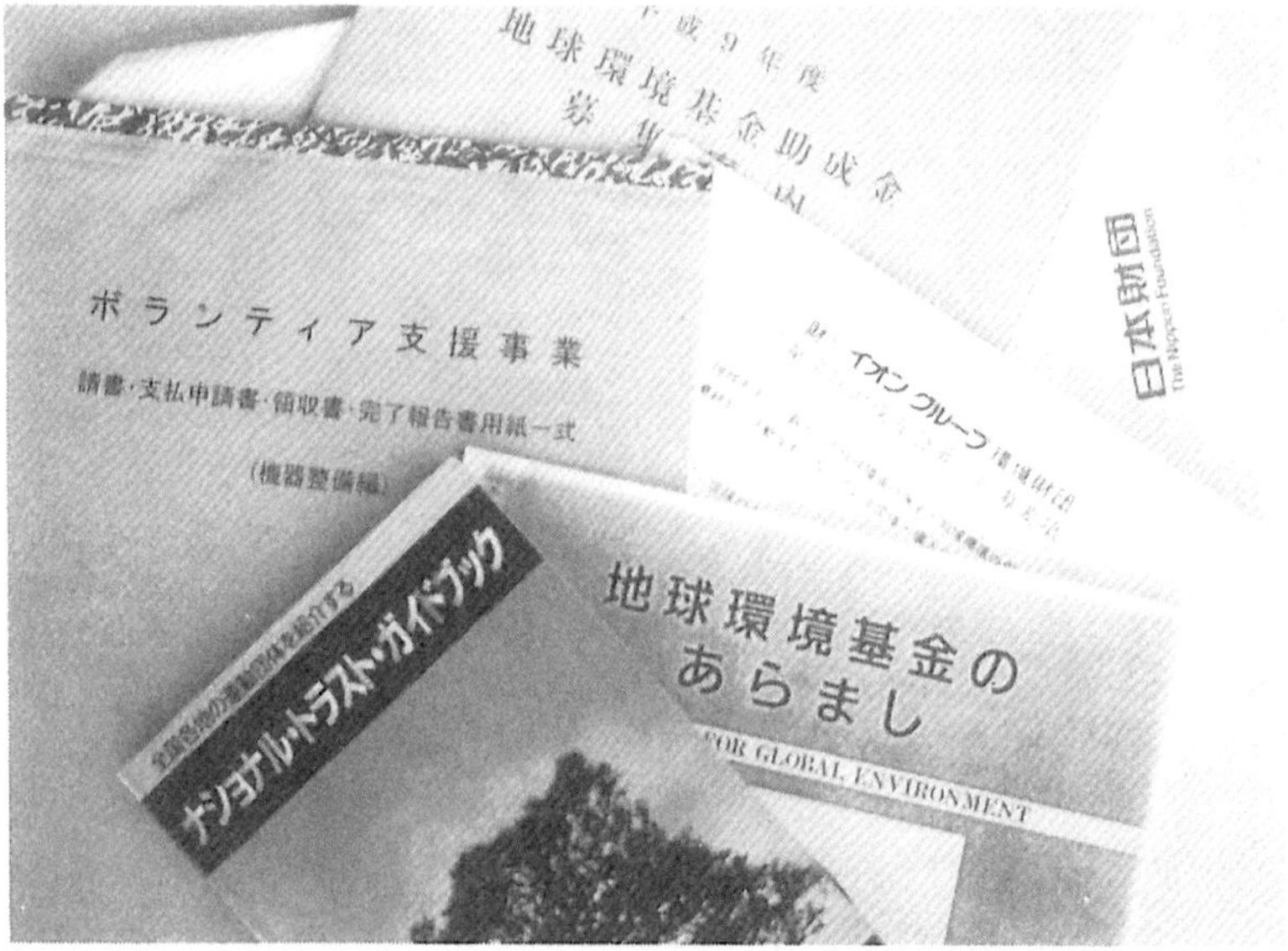

助成金を募集する本やパンフ

です。「ボランティア支援基金」への応募と同様、寄付を募る側は、寄付を募る「必要用件」(趣意と内容と使途)を明確にすることが必要です。そしてこれが肝心なことですが、その寄付を募る「必要用件」が、社会の協賛を呼ぶだけの中身でなければなりません。すなわち、そのボランティア活動の目的・内容が、寄付をしようとする人々の願いにかない、共感を呼ぶものでなければならないということです。

寄付を募る「必要用件」が、単にボランティアのメンバーの主観的満足を得るためのものであったり、時代や社会の願いからかけはなれていたり、単なる趣味や物好きに過ぎないようなものであっては、寄付を募る資格はありません。寄付を募るということは、あくまでも社会の協賛の受皿でなければなりません。

寄付の二つ目の態様は遺贈です。遺贈とは、遺言で自分の財産をだれだれに無償で譲るという契約です。これには金銭の場合と土地などの物品の場合があります。

遺贈の制度は、まだまだ世間に浸透してはいません。少数ながらこれまでも、お寺や教会に遺贈をされる方がいました。最近は福祉財団に遺贈される方もちらほら出てきたようです。これからは、次代へと継続していくグリーンボランティアの活動にも遺贈される方が増えることになるでしょう。

金銭寄付でもそうですが、特に遺贈で障壁になるのが、ＮＰＯ・ボランティア組織の側の法律上の権利能力です。ふつうＮＰＯ・ボランティア組織は、会社のような法人格がありません。したがって組織としては権利能力がありません。ふつうＮＰＯ・ボランティア組織は、遺贈を受ける権利主体にはなれないのです。（契約や登記では、組織の会長が個人の資格で代行する場合がほとんどです。）

怪しげな宗教団体にも法人格があるのに、ＮＰＯ・ボランティア組織や「地域自治会」に法人格がないのはおかしなことです。ＮＰＯ・ボランティア組織が、法人格を取得できるよう法制を整備すべき時がきています。

注　平成十年、ＮＰＯに法人格を認める「特定非営利活動促進法」が制定されました。

資源の有効活用を

寄付の第三の態様は現物寄付です。現物寄付は出す方も出しやすく、受ける方も受けやすい寄付です。

現物寄贈で最もありがたいのは、まだ十分に商品価値のある品を専門業者からいただくケースです。私たちGVCは、「長谷川農園」さんからクロマツを、「(株)瀧澤」さんから花壇の縁取り材を、「花村興産」さんからパンジーを、「ダイワ空調設備」さんから水道工事の技術援助を、「山本園芸」さんから山砂を、「河村木材」さんからベンチ材を、「松田畳工業所」さんからは「伊勢の国、阿漕が浦。迎月の宴」用のござを、……その他というように現物寄付をいただいてきました。

「ボランティアなのだから……」という理由で、私たちGVCが定価より安価で物品を譲っていただいた経験は数えきれません。ダンプカーを貸してくれた人、ユンボーを運転してくれた人、丸太を運搬・加工してくれた人、トラックを出してくれる人、専門工具を貸してくれる人……。こうした一連の無償の活動支援も、ボランティアへの無形の現物寄付といえます。

ここで私たちGVCが経験した現物寄付の具体例を、二・三紹介しておきましょう。

活動を開始して二ヵ月ほどたち、いよいよ「マツを植えることにしよう!」ということになったときです。顧問の長谷川先生がクロマツの寄贈を申し出てくれました。長谷川顧問は、首都圏までも植木を生産・出荷している「長谷川農園」の会長ですから、商品としてマツを多数所有しておられるのは当然です。

この申し出を受けた私は、大切な商品を提供していただくことに恐縮していました。ところが長谷川顧問がおっしゃるには、

「八年生に育った松がたくさんある。そろそろ間伐が必要な時期である。それらを伐らずに、手間を

かけてうまく掘り取って阿漕が浦に移植しよう。」

ということでした。そして掘り取る作業を長谷川顧問自らがかって出てくれたのです。

　間伐の対象になっている苗木に商品価値を付加するには、相当の人手を入れなければならないそうです。しかし相当の人手を入れていたのでは、経営としてはコストがあわないのだそうです。パンジー二万株をいただいたときも、専門業者の世界では時期遅れということのようでした。

　このように植木や花苗の生産専門業者の世界では、それほど市場価値がない品でも、無償労働で価値を付加できるグリーンボランティアにとっては、なんら価値落ちしていない場合があるのです。こんな可能性を探ってみるのもグリーンボランティアの財政捻出の一策です。

「(株)瀧澤」さんからいただいた花壇の縁取り材も、グリーンボランティアならではの資源の有効活用になった例です。「(株)瀧澤」は、阿漕が浦でのボランティアを最初に呼び掛けた瀧澤君の兄さんが社長です。某セメント会社の三重県代理店で、ナマコン工場も併設しています。

　土木・建築工事の実際では、その工事の施行が設計や法律の基準どおりになされているかどうかを調べるため、工事現場から任意に円筒形（直径十センチメートル、高さ二十センチメートル）のコンクリートを抜き取り検査します。この円筒形コンクリートは、検査が済めば用なしです。大概はナマコン工場の片隅に山積みされているようです。

「花壇の縁取り用にレンガを買おうか？」と私が思案していたとき、瀧澤君が、この円筒コンクリートを使ってはどうか、と提案してくれたのです。

花壇に採用された検査済みコンクリート

早速トラックを仕立てて阿漕が浦に運び込み、花壇の縁に並べてみると、それが見事にぴったりなのです。レンガのように角がなく、表面に丸みがあるので安全性も高いのです。いったん廃物になった資財が、新しい用途を得て見事に蘇った現物寄贈の例のひとつです。

また、「松田畳工業所」さんからいただいたござ（畳表）も、廃物資財の有効活用でした。畳の張り替え時に剥がされる畳表は、畳業者からすれば単なる廃品です。その中には、まだけっこうきれいなござがあります。私たちＧＶＣでは、これらをもらって「伊勢の国、阿漕が浦。迎月の宴」の敷物として重宝しているのです。

こんなわけでグリーンボランティアは、社会の協力を得ながら工夫をこらせば、商品経済から生じる社会的無駄を償うことになります。その意味でもグリーンボランティア活動は、社会の経済効率をあげることに役立ちます。

最後に、ボランティアの財源のひとつとして行政の助成金がありますが、このことについては「ボランティアと行政」でふれることにします。

第4章　ボランティアは未来を拓く

1　自然保護の思想

本当の自然とは？

私たちＧＶＣが、阿漕が浦にハマユウやハマナスを植栽すると、「自生種でない種の持ち込みは生態系を乱す」と懸念の声が聞こえてきました。雑草を刈り取っていると「雑草を刈り取るから（有機肥料が蓄積し）以前にも増して雑草が茂る」「雑草と共生する道を探るべきだ」という声も聞こえてきました。密生した松林の間伐や枝打ちの必要を言うと「自然淘汰にまかせるべきだ」という反論もありました。

山砂と腐葉土と浜砂を混合したマツの植樹の仕方に対しても、海岸に山砂を持ち込むのは「生態系の破壊だ」「自然破壊だ」という不満の声が聞こえてきました。もちろんＧＶＣがマツの植栽に用いた山砂は、膨大な量の浜砂に比べれば、無いに等しい微量です。実際一年もしないうちに、すっかり海岸に馴染んでしまいました。

また海岸には、海の彼方から波に揺られて外国産の植物の種子が流れ着きます。阿漕が浦にもホソムギ、コマツヨイグサ、マツバウンランなどの帰化植物がたくさん繁殖しています。こうした帰化植物についても見解が別れます。保守的な狭い生態観に立てば、「帰化植物は既存の生態系を乱す」し、「交雑種をつくる危険があるので除去すべきだ」という結論になります。しかし、グローバルな生態観からすれば、帰化植物の存在は地球規模に広がる種の繁殖ととらえることができ、生態系の当然の変遷として是認することができます。

これが動物になるといっそう顕著です。たとえば里山にトンボ池を造り、これまでその里山に棲息していなかったトンボ種を、離れた地域から持ち込むとなると、「生態系の破壊だ」「遺伝系統を乱す」と懸念の声があがります。川に錦鯉を放流しようものなら、小魚や水棲動物や水草を錦鯉が食い荒らして、川の生態系が破壊されるという声が高まるでしょう。

こうした懸念や批判は、多数の声ではないのですが、案外有力な声です。こうした懸念や批判が強く出される背景には、〝人間の側の事情〟でどんどん自然を破壊してしまったここ三十年あまりの負の歴史があります。私は、こうした懸念や批判は一面の真理だと思っていますが、「趣き深い花に接したい」「きれいな鯉が見たい」……といった〝人間の側の事情〟をも捨象してしまっては、そもそも何のための「自然保護」であり「生態系」なのかがわからなくなってしまいます。

人間の起源は自然でした。生命生理を営む人間は、今もなお存在の基盤を自然に負っています。自然なくして人間は存在しません。

自然の生態系のなかで食物連鎖の頂点に立ったのは人間でした。牙もなく腕力も最強とはいえない人間が、食物連鎖の頂点に立ち得たのは、人間が道具を作ることに達者だったからです。

そして人間は、より高度で複雑な道具を作れるようになるにつれて、原生的自然（人間の労働が刻印されていない植物や動物や天地）から相対的に自立していったのです。人間は不断に原生的自然に働きかけ、人間を取り巻く原生的自然を「人間の自然」（植林地や田畑や溜め池や庭園などの二次的自然）に変え続けてきたのでした。その結果、今日では〝人為〟の影響を受けていない純粋な原生自然は、もはや地球上のどこにも存在しないと言えるような事態になっています。

自然の人工化の歴史を、まるで視野に入れていないような自然観が根強くあります。前述の懸念や批判と一脈通じる自然観です。〝人為〟に極端な不信を抱き〝人為〟と無縁な純粋自然が、あたかもどこか身近に存在するかのような自然観です。自然保護の机上の議論では、むしろこうした自然観が、意見としては支配的だといってもよいでしょう。

私は〝人間の側の事情〟をほとんど考慮せず、いわば植物や動物や天地だけを視野にいれている自然観を、「観念先行の自然観」だと思っています。

自然が大好きなのでしょうが、そのために観念が先行し過ぎてしまっている一群の人々は、自然を抽象観念のレベルで情緒的に感受しているのが特徴です。そして「自然＝善」と決め込んでいる傾向があります。また、「自然＝美」と決め込んでいる節もあります。

しかし真実としての自然は、人間に害毒や災害をもたらしたり、茂り過ぎた雑草や歪んだ樹木で荒れた環境（悪）をもたらしもします。しばしば「自然は美しい」と言われますが、それを正確に言うなら

松林の間伐をするボランティア

「自然のなかの美しい場所は美しい」「美しい自然が在る場所の自然は美しい」ということです。決して自然すべてが美しいとか、自然それ自体が美しい、というわけではありません。

私の言う「観念先行の自然観」に拘泥するもう一群の人々は、自然を「自然科学」、とりわけ「生物学」の知性からのみ観ているようです。実際この傾向は、高校や大学の「生物学」の先生や医学・農学の教授など、いわゆる「学者」に多くみられます。自然を「自然科学」、とりわけ「生物学」の知性で観ることが間違っているわけではないのですが、一面的であることはまぬかれません。

私は、人間の自然のとらえ方は知的認識ばかりではないと思っています。たとえば一輪のユリの花を前にして、人間の知性は、植物界、被子植物門、単子葉植物綱、ゆり目、ゆり科、ユリ属、カノコユリ、学名は、Lilium speciosum Thunb. と分類したりします。あるいは、草丈は五十～百センチ、花は総状花序で、斜め下向きの鐘状花をつける、平行葉脈、鱗茎は……などと解剖することによって、この花がわかったとすることになります。

このような知性的理解のなかには、この花が醸し出す情趣や美が含まれてきません。たとえば、ユリの花の純潔さが感じとれないのです。

三の糸　切れししじまや　百合にほふ　（榎本桃幸女）

夢に見し　女神のあとを　したひきて　けさわれ見たり　白ゆりの花　（落合直文）

と詠まれるような百合の風趣がとらえられないのです。

「観念先行の自然観」のふたつの傾向を、最近流行の右脳・左脳の機能で言えば、自然を抽象的観念のレベルで情緒的に感受している傾向は、空間的・芸術的脳の働きに傾斜しすぎているように思いますし、自然を自然科学的手法で具体物に分解してしまう傾向は、探求的・論理的脳の働きに傾斜しすぎているように思います。ふたつの傾向は、互いに両極に位置するようですが、いずれも結局〝人為〟を嫌い、人間の手（精神）が関与しない時空を「純粋自然」＝「理想の自然」と考える傾向があって、自然保護の実際の現場では、おうおうにして自然保護＝放置を主張しがちです。

このような「観念先行の自然観」を徹底すると、正常なグリーンボランティアの活動までが「自然破壊」とみなされることになりかねません。

「自然の保全」や「自然保護」を言うとき、すでにそこには人間の手（精神）を入れることが前提とされています。荒れている自然を前にして、「どこからどのように人間の手（精神）を入れるか」という考察こそ重要です。人間の手（精神）を入れることに消極的であってはなりません。もし人の手（精神）を入れることを否定するのだとしたら、「自然の保全」や「自然保護」を望む主観とは裏腹に、それらの活動にブレーキをかける結果になりかねません。

どこからか種子が飛来し、地表に芽ぶき、やがて育って花が咲き実を着けるのは、自然のなりゆきです。このサイクルを繰り返せば、更地の空地も、やがて雑草で覆われてしまいます。これも生態系の真理です。自分が気にいる状態だけを「自然」と言い「生態」と定義し、気にいらない「自然」や「生態」を無視し続けるわけにもいきません。

札幌市の中心地に「北海道大学付属植物園」があります。その一区画が、明治初期から手を付けずにそのまま保全されています。この区画内だけは、かつて芥川龍之介が「マヨネーズをかけて食べてみたい」と評したと伝えられる周辺のローンや樹姿とは大違いで、樹形は歪み倒木も多く荒涼たる様を呈しています。

人手を入れていないということは原生的自然なわけですが、人手が入らない自然が荒れる様を、この「植物園」の一区画は実証しています。私たちＧＶＣも、阿漕が浦の海浜の一アールを「放置観察区」と定めています。この区画には一メートルに及ぶ雑草が茂り、足の踏み入る余地がないのは言うまでもありません。

自然は精神の対象

人間の歴史は、自然の人工化の歴史です。産業革命以後の社会環境は、自然の人工化にいっそう拍車をかけました。とりわけここ五十年あまりの激しい人工化には、顔をしかめるものも少なくありません。ここ五十年で、原生的自然はもとより、二次的自然をも激減させてしまったのです。

この自然の激減（逆に言うなら、コンクリートと工場の激増）は、営利追求を支配的な思想とする社会環境によってもたらされたものです。営利追求一辺倒の立場からすれば、そのことで営利が生まれる以上、自然の人工化を続けることになります。そしてとうとう、人間存在の自然基盤をも危ぶませるまでに自然を破壊してしまったのです。

ところで、稲や野菜の品種改良は、高度な人間精神を透って得た肯定できる自然の人工化です。薬効や手術など医療の開発についても同じことが言えるでしょう。盆栽づくりや庭園・公園づくりも同様です。盆栽や庭園・公園は、自然の植物や石を素材とする芸術の一分野です。人間の精神（美意識）の表現であって、人間の情趣や情感を満たす美なる精神の確証です。

私は、盆栽や庭園や公園が、芸術として認知されていないことにいささか不満を感じています。建築が芸術と認知されているのに、庭園（とりわけ日本庭園）が芸術でないわけがないのです。素材が生きていても芸術です。万一草木が枯れてしまっても、たいていの場合補完は可能です。それは名画の禿げ落ちた絵の具の補修と変わりません。名画は人間の美の精神の表現ですが、盆栽や庭園や公園もまた人間の美の精神の表現なのです。

ハマエンドウ

種子をつけたハマボウフウ

これらの例からも明らかなように、自然を変えたからといって、それが悪いのではありません。増収穫や「美」を生む品種改良や人々の心をいやし育てる盆栽や庭園・公園は、総じて人間を満足させるものです。それらは、人間の真・善・美の精神に照らして肯定されるべきことです。

生態系という観点に立っても、生態系の変化が即、悪ではありません。生態系は時々刻々変わっているものですし、人間の真・善・美の精神にかなう方向に生態系を誘導することは、それ自体が誤りではありません。植林地や里山や田畑や溜め池や半人工海岸などの二次的自然を対象とするときはなおさらです。

人間は、農業を営み、林業を営み、生産をする過程で、自然を人間の都合のいいように人工化してきました。その過程で人間は、自然から学び自然に感化されて精神を向上させてきたのです。人間と自然は相互関係です。自然なくして人間がないのと同様に、人間なくして今日の自然はありません。

人間と自然の深い関わりの過程を重視する自然観の視座からは、「自然保護」のためには人間の手（精神）をいれることが当然のことになります。問題にすべきは、人の手を「入れるか、入れないか」ではなく、「どこからどのように手を入れるか」なのです。

そのときグリーンボランティアは、芸術美や経済事情やまちの伝統や安全など、〃人間の側の事情〃にも気を配りながら実践しなければなりません。自然破壊の原因は、自然の側にではなく、人間の側に問題があるからです。

個々の人間が自然をどのようにとらえているかが問題です。生活を維持するための生活資材を得る場ととらえることもできます。生産をとおして営利を生み出す場ととらえることもできます。また、精神を表現し、それを確証する精神の対象ととらえることもできます。そして、これら三様の自然のとらえかたは、それぞれ的を射たものですし、自然はこれら三様の複合体だといえるでしょう。

しかし、自然保護を推進していく思想にあっては、これら三様のとらえ方を同列に並べることはできません。まずはじめに人間の精神に自然保護の思想は生起し、精神の場から生産へ、生活へと広がっていくものだと思います。その意味で自然に対する人間の意識—精神のあり方が重要です。グリーンボランティアは真・善・美の精神のハーモニーだと述べました。自然が人間精神を創り人間精神が自然を創る、切り離すことのできない相互の関係としてとらえることが必要です。

歪んだ自然は歪んだ人間精神を創り、すさんだ人間精神はすさんだ自然を創ります。今日の地球環境・自然環境の悪化を、人間の意識—精神の働きでみるならば、「才能は煩悩の増長せるなり」(兼好)——今日の科学技術や生産システムを導いてきた才能も、しょせんは人間の煩悩が発展・拡大したものにすぎない——ということですし、「知恵出でて大偽あり」(老子)——なまじっか学問などをして知恵がつくと、大きな誤りや偽りに陥って好ましくない結果を引き起こす——ということを表しています。

しかし、冬の病葉の葉柄にもすでに春の新芽が萌しているように、この事態のなかにも改革の兆しは潜んでいます。現代人の「自我」は、内なる「自己」を認識できるまでに成長しています。本質的な意味でみんなけっこう賢いのです。「自己」が何をしてきたのか、自己が何をしているのかを知っていますし、「自己」を変えることができます。

「才能は煩悩の増長せるもの」であっても、才能は煩悩ではありません。「知恵出でて大偽あり」とは言っても、その「大偽」を正せるのは人間の知恵なのです。

自然と真正面から向かい合い、聞こえてくる奥深い精神の声を聞くことができます。そのとき、条件が許さないので……、などと手をこまねいていることができるでしょうか。悪化しているのは地球環境・自然環境ばかりではなく、私たち人間の精神でもあるのですから。

ナショナルトラスト運動

自然を保全するグリーンボランティアに一歩を踏み出すと、「自然観」の違いの他にも難しい問題に出くわします。そのひとつが自然（土地）には、所有権があるという問題です。

阿漕が浦海岸のように所有者が国で、管理者が県であれば、それは同時に私たち市民の「所有」です。管理者との間で調整をすれば、相当程度まで市民ボランティア側の意向を活かして環境の保全が可能です。

ところがたいていの自然＝土地は、私有地です。所有者である個人や会社の意志が、その自然の運命を左右します。仮に百万人が自然の保全を望んだとしても、ひとりの所有者が「開発」を望めばその地の自然は破壊されます。

もともと土地や自然は、天（広義の自然）の産物です。人工物である家や書物などとは根本的に異な

里山と溜め池（津市神戸）

ります。本来、天の産物である土地や自然が、誰か個人の処分に委ねられているというのは、〝社会関係〟としてはおかしな話でもあります。

所有権の絶対を基調にしてきた近代日本の姿は、今やコンクリートの壁に囲まれ、途方にくれてしゃがみこむ守銭奴の姿に似ています。お金はあっても、豊かさがないのです。

一度破壊された山河や海岸は、おそらく永久に元へは戻らないでしょう。現在なおわずかに残っている原生的自然は言うまでもなく、里山や田畑や溜池や半人工海岸などの二次的自然も、できるだけ保存しなければなりません。

仮にその自然が、そのままでは経済価値の乏しい土地であっても、人間の理想にとっては価値が高いことがあります。たとえば市街地近隣の里山がそうです。目先の経済効率を優先させてばかりでは、人間の未来を危うくします。身近な自然を残すためには、多少の不便や利得は忍ばなければならない時代になっています。

原始、自然や土地はだれのものでもなかったのです。その後、自然や土地がみんなのものと思われた時代もありました。土地に対して「所有の絶対」をいう今日であっても、公共の福祉の下に、所有権絶対の規準は薄れつつあります。今日という時代も、歴史の一時代にすぎません。自然環境の保全のためには「文化財保護法」のような法律（たとえば自然環境保護法）の規制をかけなければいけない時期にきているようにも思われます。

一九六四年、鎌倉の鶴岡八幡宮の裏山「御谷」が、宅地造成の対象になったことがあったそうです。古都鎌倉の歴史的景観が破壊されることを憂慮した作家の大佛次郎氏らは、「鎌倉風致保存会」を結成し、市民から募金を募って造成地の一部を買い取り、開発を中止させたのです。土地の所有権を取得し、古都鎌倉の歴史的景観を保全したこの運動が、日本における「ナショナルトラスト運動」の原点となっています。

このとき大佛次郎氏は、

「これは過去に対する郷愁や未練によるものではない。将来の日本人の美意識と品位のためになるのである。」

と、まさに自然を精神の対象ととらえておられます。

「ナショナルトラスト運動」は、十九世紀末のイギリスから発生しました。ナショナルトラスト（National Trust）のナショナルとは、「国民の、国家の」を意味し、トラストとは、「信頼、委託、保管」を意味します。適合する訳語がなかったのか、日本でもそのまま使って、一般に自然を保全するために募金を募ってその土地を買い取る（つまり自然の所有権を取得する）運動を、「ナショナルトラスト運動」と呼んでいます。しかし「ナショナルトラスト運動」は、必ずしも土地の買い取りが目的ではありません。どういう方法にしろ自然の景勝地や歴史の名勝地を保全しようとする活動が、「ナショナルトラスト運動」なのです。

社団法人「日本ナショナルトラスト協会」の定款第三条には、「協会は、良好な自然環境及びこれと一体となった歴史的環境を保全するため、その保全及び活用に関する事業を推進し、もって健康で文化的な生活に寄与すること」を目的とすると定めています。

私たちＧＶＣも「日本ナショナルトラスト協会」の正会員です。「日本ナショナルトラスト協会」は、前記の「鎌倉風致保存会」や、北海道知床半島の自然を保全する「知床一〇〇平方メートル運動」、「赤目の里山を育てる会」（三重県）、「はちのへ小さな浜の会」（岩手県）、「天神崎の自然を大切にする会」（和歌山県）、それに全国組織の「日本野鳥の会」や「小原流」などの団体で構成されています。

また「さいたま緑のトラスト協会」、「かながわトラストみどり財団」、「大阪みどりのトラスト協会」のような行政と民間が連携して運営している加盟団体もあり、そのうち「岡山県郷土文化財団」では「岡山後楽園」の管理運営も行なっています。

貴重な自然（土地）を買い上げたり、借地契約を結んで維持管理したり、その具体的な方法はその事情によってさまざまですが、「ナショナルトラスト」のような運動が全国各地に広がることが望まれます。

心ある個人だけにまかされていてよい時代ではありません。官（国や自治体）・営利（株式会社など）・非営利（ＮＰＯ・ボランティア）の三極が、それぞれの役割において連携し、ことにあたらなければなりません。とりわけ法律（条例）の議決権をもつ各級議員の奮起が必要です。

「困っている人を助けるのに、なぜ、官だ民だ、とこだわるのか」と福祉ボランティア活動のなかで問題になったことがあるそうです。いまや自然環境を保全するのに、官も民も、営利も非営利もありません。互いの立場の相違は尊重しつつも、連携して最優先で自然を保全すべきときにきています。

2　ボランティアと行政

市民自らのまちづくり

行政（官）と市民の格差が大きかった時代は、市民運動というと大概が行政の政策への反対運動であったり、「闘争」というかたちで要求の実現を迫る活動でした。しかし、「戦後民主主義」教育を受けてきた「昔の若者」が、いまや還暦を迎える歳になり、社会のリーダーとして重要な部署を占めるようになった現在、市民の側の能力の向上も著しいものがあります。その結果、行政と市民の格差は縮まり、課題によっては市民の能力が行政をしのぐ時代となってきました。

まさに民主主義を実現するＮＰＯ・ボランティアの運動が、社会を動かすひとつの動力源として急速に成長しつつあります。

ところで、ボランティアがしている活動のたいていは、これまで市町村や都道府県がするべきだとされてきたことです。グリーンボランティアの好適地である道路や公園や公共施設地、あるいは河川敷や海岸などは、公共の用地です。公共の用地の環境整備は、本来、そこを管轄する行政がするべきだというのはもっともなことです。

それゆえ、ボランティアがしている活動は、行政の怠慢を隠蔽するだけだ、という見方もあります。行政の補完としてうまく行政に利用されている、という見方もあります。

県民の日にハマナスを植栽

これまで議会の議員が果たしてきた役割をボランティア自身がやってしまっている、言い換えれば、議員の旧来の職分をボランティア活動が侵していると する見解もないわけではありません。

しかし、これらの見方はいずれも一面的です。確かにそういう一面をもっていることは否定できないのですが、それがボランティアの真の姿ではありません。

納税者という立場に立っても、なんでもかんでも行政に押しつければ、回り巡って国民負担率の上昇となってかえってきます。国民負担率が上昇すれば、それだけまた市民は住みにくくなるのです。もはや要求闘争の時代ではないのです。市民が市民の手でまちづくりの一端を担っていく時代がきています。

私は、三重県庁のインタビューに、次のように答えたことがあります。

「これからの市民活動は、行政に要求しているばかりでなく、こうしたらよいと思えば、市民自らが実行に移していくべきではないでしょうか。」

「ゴミが散らかって汚いと思えば、市民が拾えばよい。花を植えたらきれいと思えば、市民が植えればよい。こういうことは行政がするべきだとばかり言っていたのでは、いつまでもよいまちはできません。市民自らもまちづくりに参画する必要があると思います。」

「逆に市民活動にとっていちばん困るのは、行政に『するな』と言われることです。それでは、せっかくの市民の気持ちがそがれてしまいます。行政には、いろいろ制約があるのはわかりますが、市民の自主的な活動に対しては、活動がやりやすくなる方向で、柔軟に対応していただきたい。」

「市民活動はあくまで、やりたい人がやれる時にすればよいと考えています。そして、やれることから始めればよいと思っています。」

「公共」とは「われわれ」である

グリーンボランティアの好適地は、道路や公園や公共施設地、あるいは河川敷や海岸などの公共用地・公共空地だと述べました。このとき「公共」とはいったいどんな意味なのか、理解を深めておく必要があります。

古い日本の常識からすれば、「公共」とは「お上」です。したがって市民の側から「お上」に手を出すのは、畏れ多いという心境になります。たとえば公共地に花を植えるにしても、

「自然に親しむ集い」地引き網

「こんなところに花を植えてもいいんですか。」

「こんなとこ、掘ってもええのか。」

と、古い日本の「お上」意識からは不安がよぎります。

　私たちＧＶＣが活動を開始するにあたっても、こういう心配がメンバーの中からしばしば口をついて出ました。海岸という公共地をボランティア活動の場にしているのですから、真っ先にそういう心配が出たのです。

「筆頭・お上」の国が所有し、「次席・お上」の県が管理する海岸を、いわば「勝手に」掘り返し、花壇をつくり樹木を植えようというのです。これまでの「従順で健全な市民意識」からすれば、「そんなことしていいんですか」と、不安になってくるのは無理からぬところです。

　しかし私たちＧＶＣの多くのメンバーは、そうした不安の一方で、民主主義時代の国民主権の精神からすれば、公共とは行政＝「お上」を意味するのではなく、私たち市民自体が「公共」なのだと実践のなかで理解するようになっていったのです。民主主義時代の主権者である私たち市民が、「われわれ」の施設や「われわれ」の空地を整備するのは、しごく当然のことではないのか、と思うようになったのです。

もちろん、行政の手できちんと環境整備ができているのなら（本質的に私たちが「公共」であっても）いまさら市民が変な手出しをするのは控えるべきですが、行政が管理しかねて放置されたり、荒れている公共地があります。そこを私たち市民の手でなんとかしようというのだから、行政が文句をつける筋合いはないわけです。行政は、むしろ私たち市民の活動に、「奉仕者として」対応すべきです。

民主主義時代の真に健全な市民意識からすれば、市民は「私民」に閉じこもらず、「公民」でもあるべきです。民主主義の民主とは、決して利己主義を決め込む個人を主人公としているのではありません。民主主義時代の主人公は、個人であって同時に社会でもあるような「公民＝社会人」です。

グリーンボランティア活動をするにあたっても、これからの市民は、「そんなことしていいんですか」と不安をよぎらせるのではなく、むしろ逆に「公民」として、「そんなことしなくていいんですか」と胸を張って堂々と実行できる人間であらねばならないのだと思われます。

NPO—企業—行政の連携

戦後の民主主義は、行政の肥大化を余儀なくされてきました。その結果、租税や社会保険など国民の公的負担率は、収入の四〇パーセントにも達しています。このまま推移すれば、国民負担率はいっそう上昇することでしょう。

行政の無駄を省いたり、機構の合理化をはかるなど、「行政改革」が必要なことは当然です。しかし同時に、私たち市民の側もまた行政の肥大化や国民負担率の上昇に歯止めをかける手立てをこうじなければなりません。

そのひとつがＮＧＯ・ＮＰＯ・ボランティアの活動です。ＮＧＯは、非政府組織を意味します。Non-Governmental Organization の頭文字です。会社などの民間営利団体とボランティアなどの非営利団体（ＮＰＯ）の両方を併せてＮＧＯと呼びます。私たち市民の側も、ボランティア活動を自主的かつ活発・的確に展開することで（いわば楽しみながら進んで「ただ働き」することで）行政が十分に行き届かない分野で行政と協働していくことが必要です。

私たちＧＶＣは、前述の「日本ナショナルトラスト協会」の他に「津市ボランティア連絡協議会」と「安濃津・松風の会」の三つの団体に加盟しています。

そのうちのひとつ『安濃津・松風の会』は、一九九六年十月、ＮＰＯ・ボランティアと行政と学識経験者の間で結成した組織です。「安濃津・松風の会」の主たる構図は、民間のボランティア活動を、津市と三重県が財政的に助成するというものです。現在、助成の対象になる場所は、阿漕が浦と津市北方の栗真・町屋海岸に限定されています。助成の対象は、植樹を中心に海岸の環境・景観の向上をはかる活動となっています。

知事と市長とボランティアたち

この「安濃津・松風の会」の民間側は、市民団体だけでなく、大企業そのものや大企業の関連組織も加盟しています。また市民団体の多くは、海岸での活動を主目的としているわけではありません。行政側も県と市というふたつの自治体がかかわっているので、いろいろ意見が出たり、意思の食違いがあったりすることもあります。しかし、「安濃津・松風の会」は、植樹を中心に海岸の環境・景観の向上をはかる目的では皆が一致していますので、各加盟団体の自主性を尊重して「入口議論よりも出口議論」を重視しながら「結果オーライ」で活動を続けることを重視したいと私は思っています。

このような海岸という公共空地でのグリーンボランティアは、補助金・助成金の流れでいえば、市民の税→行政のお金→ボランティア団体の活動費用→行政の資産→市民の享受・恩恵となります。公の補助金・助成金を活用させていただく以上、ボランティア側は、この流れのなかで自らの活動を通してどれだけ付加価値をつけることができるかが問われることになります。簡単に言えば、公の補助金・助成金を極めて効率よく活用しなければならないということです。

もちろんボランティアが、なんでもかんでも公の補助金・助成金に頼るのは間違いです。公の補助金・助成金をもらわなければ損のように要求し、公の補助金・助成金を「身内」に引っ張ってくることが「力のある政治家」の証明のように信じ込んでいるような「政治屋」もいるようですが、ボランティアが利権屋に堕してはいけないのは言うまでもありません。

また、ＮＰＯ・ボランティアの活動は、民間企業の社会的貢献にも関連します。言うまでもなく企業は営利をあげることを本質としており、商品やサービスの提供という本来の企業活動を通して社会に「貢献」しているわけですが、その営利や「貢献」も、道路や下水などの社会資本を利用することで（しかも単なる個人以上に利用することで）得たものですし、市民の（はっきりとは目に見えてはきませんが）協力・是認があっての結果です。社会の恩恵を受けずして企業の営利がありえない以上、企業は社会的責任において社会に営利を還元すべきです。

たとえば企業が、ＮＰＯ・ボランティアの活動を資金支援し、ＮＰＯ・ボランティアと協働関係を取り結んでいくことも、これからはおおいに推奨される社会的還元の姿です。

これまでの日本社会は、官と民間営利の二分法でしか理解されてきませんでした。これからは、官と民間営利に加えて民間非営利（ＮＰＯ・ボランティア）の三極構造で社会を考えていかなければ、日本の社会経済システムを真の豊かさへと導くことはできないでしょう。

日本の今後に、これ以上の「大きい政府」を期待するのか、それとも「小さい政府」を期待するのかの問題でもあります。行政が公共サービスを、企業が商品サービスを独占するこれまでの社会システムから、市民団体が自らサービスの担い手として活動をはじめたのです。日本の将来は、非営利セクターの情熱とパワーを生かす仕組みをどう構築するか、にかかっています。

市民ひとりひとりの思いから発するさまざまな活動が育っていくことによって、市民の選択肢は広がり、多様性に基づく開かれた社会が実現されます。行政はこうした動きに対して、「新しい社会の構築」という共通の目的のもとに、「全体の奉仕者」として率先垂範、ＮＰＯ・ボランティアと協働していく必要があるでしょう。

３　ボランティアと人間性

「奉仕」と「慈善」と「ボランティア」

「ボランティア」に近い言葉に「奉仕」と「慈善」があります。

「広辞苑」によると「奉仕」は、「つつしんでつかえること。献身的に国家・社会につくすこと」とあります。

「奉仕」にあたる英語は、serve（サーブ）です。serve の語源は servant（サーバント）で、召使・奴隷を意味します。したがって「奉仕」という行為には、召使や奴隷が主人のためになす行為が源にあるわけです。そんなことで「奉仕」には、もともと社会的に立場の低い者が、社会的に立場の高い者や、超人的な「国家」や神仏のためになす行為という意味合いが含まれています。

また「慈善」は、「あわれみいつくしむこと。情けをかけること。特に、不幸・災害にあって困っている人などを援助すること」（広辞苑）とあります。

「慈善」にあたる英語は、charity（チャリティー）です。charity の語源は、ラテン語の「愛」だそうです。したがって「慈善」には、もともと神の慈悲、衆生をあわれみいつくしむ心が込められています。

そんなことから「慈善」には、天災で被害を被った者とそうでない者のように、たとえそれが一時的に生じた関係であったにしても、立場の良い者（強い者）が立場の悪い者（弱い者）に対して恵みを与えるという意味合いが含まれています。

このように「奉仕」や「慈善」という言葉のなかには、奉仕や慈善を行なう側と奉仕や慈善を受ける側との人間関係に、〝非対等〟の影が潜んでいるように思われます。正面切って〝非対等〟を表現しているわけではありません。それはずいぶん微細なことなのですが、確かに人間関係の〝非対等〟が前提にあります。それで「奉仕」活動や「慈善」活動では、道徳的善行が声高に語られたりするのだと思われます。

では、「ボランティア」はどうなのでしょうか。

「ボランティア」という言葉は、「志願者、篤志家、奉仕者。自ら進んで社会事業などに参加する人」（広辞苑）と説明されています。「ボランティア」にあたる英語は、volunteer です。volunteer の語源は、フランス語の「自由意思」だそうです。したがって「ボランティア」には、「自由」が色濃くしみ込んでいます。

ある英和辞典によると volunteer は、名詞で「志願者」を、形容詞で「有志の、志願の」を、動詞では「自発的に買って出る。進んで……しようと引き受ける」と解釈されています。日本語でも「ボランティア」という言葉は、名詞にも形容詞にも動詞にも使われます。

一九九〇年に開かれた「ボランティア活動推進国際協議会」総会における「世界ボランティア宣言」では、ボランティア活動とは

「個人が自発的に決意・選択するものであり、人間のもっている潜在的な能力や日常生活の質を高め、人間相互の連帯感を高める活動である。」

とされたそうです。

「ボランティア」は対等です。たとえボランティア活動を行なう側とボランティア活動を受ける側はあっても、人間関係において両者は対等なのです。それは、神仏や国家の下にどことなく道徳的義務を感じて行動する「奉仕」や「慈善」に比べて、「ボランティア」が、より義務において軽く、より権利において重い概念だからでしょう。

私は「ボランティア」という言葉が、「奉仕」や「慈善」を圧倒して社会に広がっていった理由のひとつが、この「ボランティア」が持つ自由性・対等性・権利性・自主性にあると思っています。「ボランティア」が勢いを得たのは、「奉仕」や「慈善」と違った、この言葉が内包する微妙な意味合いを、人々が鋭く嗅ぎとっているからのように思われます。

ざっくばらんに言えば、「奉仕」や「慈善」はどことなくうさんくさいのです。偽善の影がつきまとい、いかにも善行をなしている様がわざとらしいのです。

それに比べて「ボランティア」は明るい。ボランティアは、本人がしたいからしているのです。もちろん私は、したいからと言ってしたいことを何でも肯定すべきだなどと言っているのではありません。「ボランティア」は、身勝手を意味しません。したいことの中身が「人間のもっている潜在的な能力や日常生活の質を高め、人間相互の連帯感を高める活動」であることが前提です。

ボランティアは、義務でするものでもなければ、なにか名誉とか、現状からの救いだとか、来世のためとか、利得だとか、そういったボランティア活動それ自体の他に、なにか別の主たる目的をもってするものではないということです。ただ私は、人間存在の本質的な意味において権利・義務を考えるならば、ボランティアをすることは権利であると同時に、社会関係の総和として在る人間の義務でもあると考えています。しかし、法律で強制されたり、いやいや、やむをえずする行為ではないという意味で義務的ではないと言っているのです。

「奉仕」「慈善」「ボランティア」の間には、当然共通性もあります。いずれも行為が「自己でないもの」のためになす要素をそなえています。しかし、その行為者の主体性は異なります。繰り返しになりますが、「奉仕」や「慈善」が人間の社会的不平等を前提とした義務的色彩の濃いものであるのに比べて、「ボランティア」は人間の社会的平等性を重視した権利的色彩の濃い概念です。また、「奉仕」や「慈善」に比べて、「ボランティア」はずいぶんと自由です。

私は、これら三つの言葉のもつ微妙な違いは、日常の語法ではことさら問題にするに値しないと思っていますが、人間関係を厳密に考える場合には、本質的で重大な違いだと思っています。ボランティアは、自由と平等の高度な民主主義社会にふさわしい人間活動なのです。

もっと社会的・精神的でありたい

ボランティア活動に踏み出すことに、気恥ずかしさを感じている人もおられるでしょう。私も以前はそうでした。私の経験からすると、もしある人がボランティアに気恥ずかしさを感じるとしたら、その人はまだ、「奉仕」や「慈善」に潜む亡霊から解放されていないのだと思われます。社会的強者が社会的弱者に施しを与える、自己を覆っている超然たる「国家」や「社会」や「神仏」に献身的に仕える、わざわざ、わざとらしく道徳的善行をなしている、……といった「奉仕」や「慈善」がもつ〝非対等〟の一面の亡霊です。

私は「津ライオンズクラブ」のメンバーでもあります。「ライオンズクラブ」では、さかんに「奉仕」の精神が説かれます。私は、「ライオンズクラブ」の奉仕活動に積極的に参加するように努めていますし、実際いくつかの奉仕活動には誇りを感じてもいます。が私は、「ライオンズクラブ」の奉仕活動には、少々ひっかかるものを感じてもいます。小骨が喉にひっかかったようで、どこかすっきりしないのです。庶民的市民のひとりとして育った私自身の社会性と、地域の名士集団としての伝統を引きずっている「ライオンズクラブ」の奉仕活動との間には、ほんの僅かではありますが微妙な質の違いがあるように思うのです。

しかし、私のわだかまりは私ひとりのものではなかったのでしょうか。最近「ライオンズクラブ」でも「奉仕」という言葉遣いを控えて、「ボランティア」が盛んに使われるようになりました。「ライオンズクラブに入って、ボランティア活動をしよう！」と呼び掛けるポスターまでできたのです。

自分が一杯のお茶を飲む、という行為ひとつを取り上げてみても、その行為を水道局、コップ製造者、お茶生産者……と、いかに多くの人々の社会関係によって可能にさせてもらっているかがわかります。生活のあらゆる場面、労働のあらゆる場面においてそうなのです。

個々の主観がどうであろうと、人間は社会的な存在です。言葉を変えれば、人間は本質的に公共的なのです。個性の尊重と言い、「すべて国民は、個人として尊重される。」（憲法十三条）と言っても、社会関係の総和としての個性であり、個人なのです。そうだから人間は、自然的・物質的欲望に支配されて自己のことのみに専念していると、かえって自己をそこねることになります。心身の健康に悪いのです。それが人間の真実の姿です。もっと社会的・精神的でありたいと思います。

人として衣食住などの自然的・物質的欲望をひととおり充足させることができるようになった日本の今日の時代は、人間が自己の自然的・物質的欲望の支配から脱して、自覚ある社会的・精神的人間へと成長していける条件が整いつつある時代です。言うならば、衣食住など自然的・物質的欲望に支配されてきた歴史過程のなかで、徐々にではあるが確実に蓄積され育てられてきた、人間の人間らしい潜勢力、すなわち社会人であることを自覚し、社会関係（人間関係）のなかに精神的充足を得るという人間の社会的・精神的本質の顕在化が、国民的総体としてはじまっているのです。

公的活動そのものでもなく、かといって営利活動でもない、公益を前提としつつ私的な楽しみを内包するＮＰＯ・ボランティアの活動が、ますます盛んになるのは必至です。もはや気恥ずかしさに戸惑っている時代ではないでしょう。いまや問題は、参画するかしないかではなく、自分はどのNPO、どのボランティアに参画するか、自分の志願先を選択する時です。そして、「花と緑のボランティア」は、その具体化の一例です。

あとがき

とうとうと理屈を述べてみても、花一輪の重みにかなわないことがあります。あれこれ考えをめぐらしてみても、百人が百回議論をしたとしても、何も状況は変わらないということがあります。一本の木を植えてみることが必要です。

頭のいい人が、頭を働かせるのは難しいことではありません。ところが頭のいい人が身体を働かせるのは案外難しいものです。慣れている安易なことばかりを皆が繰り返していては、状況はいっこうに好転しません。一歩を踏み出す勇気をもちたいものです。

自然に直接触れ合うのは、人間性の原点です。花と緑のボランティアに取り組まれたならば、きっと身体の芯から喜びがわきあがってくることでしょう。

どの花をどう植えるか、何の木がどこに適しているか、そういった花と緑のいちいちの技術面には、詳しく立ち入ることができませんでした。その点は、いくつか出版されている「園芸ガイドブック」の類で補ってください。

花と緑のボランティアをめぐる諸問題については、本書で大方立ち入れたと思っています。はじめて花と緑のボランティアに取り組もうと思っておられる方には、そんなに難しいことをわざわざ考えなくても、と受け取られる節もあったかと思います。それはそのとおりです。ただ何ごとでもそうですが、単に結果を出すだけでなく、そのことに取り組むことによって、人間性のいくばくかが癒され創られることが肝腎のように思っています。その意味で、本書は花と緑のボランティアに取り組む〝心の構え〟に比重をおいて述べたつもりです。

本書を世に出せるようになったのは、「グリーンボランティアクラブ・阿漕浦《あこぎがうら》友の会」の仲間の皆さんは言うまでもなく、何かとご指導ご協力をいただいてきた市民団体や企業・行政の方々のおかげです。また本書に掲載させていただいた写真の中には、大西禧夫、駒田拓一、鈴木丈夫、久米宗彰の諸氏が撮影されたものもあります。記して心から感謝申し上げます。

最後になりましたが、北斗出版の長尾愛一郎さんに大変お世話になりました。ありがとうございました。

一九九七年九月十五日　　久米宏毅

【著者紹介】

久米宏毅（くめ・ひろき）

1945年三重県津市に生まれる。

三重県立津高校を経て、北海道大学農学部農業生物学科卒業。

実践学院主宰。

1995年8月三重県津市阿漕が浦海岸で「花と緑のボランティア」を呼び掛ける。

「グリーンボランティアクラブ・阿漕浦（あこぎがうら）友の会」会長。同会は「（社）日本ナショナルトラスト協会」正会員。植樹を中心に海岸の環境向上をめざす民間と行政の連携組織「安濃津・松風の会」を発起、同会副会長。

「三重県緑のネットワーク運動懇談会」実行委員長。

花と緑のボランティア
普通のわたしにできる初めの一歩

2023年8月31日発行　著　者　久米宏毅
発行者　向田翔一

発行所　株式会社 22 世紀アート
〒103-0007
東京都中央区日本橋浜町 3-23-1-5F
電話　03-5941-9774
Email: info@22art.net　ホームページ : www.22art.net

発売元　株式会社日興企画
〒104-0032
東京都中央区八丁堀 4-11-10 第 2SS ビル 6F
電話　03-6262-8127
Email: support@nikko-kikaku.com
ホームページ : https://nikko-kikaku.com/

印刷
製本　株式会社 PUBFUN

ISBN : 978-4-88877-247-1